L'HOMME EN NOIR

DU MÊME AUTEUR

Cinémoi, Le Seuil, 1973.
La Bilbe, Le Seuil, 1975.
Rive Droite, Albin Michel, 1983.
Louis XX, Orban, 1986.
Pondichéry, Albin Michel, 1995.
Confessions d'un Babyboomer, Flammarion, 2004.
Les Fantômes des Tuileries, Flammarion, 2016.

Thierry Ardisson

L'HOMME EN NOIR

PLON
www.plon.fr

92, avenue de France
75013 Paris
Tél. : 01 45 87 50 01
www.plon.fr
www.lisez.com

Mise en pages : Nord Compo
Dépôt légal : mai 2025
ISBN : 978-2-259-32117-4

À Audrey Crespo-Mara

1
Le coup de feu

À 160 sur le périf, Jessie, mon motard, zigzague avec grâce entre les voitures. À l'arrière de sa Honda Goldwing 1800, « *Life In The Fast Lane* » à fond dans le casque, je vais servir la grand-messe cathodique du samedi soir. Au retour, ça sera pareil, le champagne et les pétards en plus.

Porte de la Chapelle. Studios de la Plaine Saint-Denis. La nuit tombe sur les rues désertes qui circulent entre les entrepôts et les plateaux. La pluie est glacée. Comment ai-je pu atterrir dans un endroit aussi lugubre ? En 1985, je tournais ma première émission, « Scoop à la une », au Palais omnisports de Bercy, dans un décor télé. Ensuite, je fonçais aux Bains Douches pour me changer les idées. Jusqu'au jour où je me suis dit : « Pourquoi ne pas animer ta prochaine émission directement là où tu t'amuses ? » L'année suivante, je présentais « Bains de Minuit » aux Bains, et ça a continué avec « Lunettes noires pour nuits blanches » au Palace et au Shéhérazade, « Double Jeu » aux Folies-Bergère,

« Samedi soir à Pigalle » à la Nouvelle Ève, mais de studio jamais. Il faut préciser que mon premier métier était disquaire au Whisky à Gogo à Juan-les-Pins, en 1966 ! Pourquoi la Plaine pour « Tout le monde en parle » ? Je ne sais plus. Mais je vérifie chaque semaine qu'ici, le plus difficile est de transformer le plateau en boîte de nuit et l'émission en *party*. D'où l'alcool à volonté et la musique en permanence.

La Goldwing arrête sa course devant le bâtiment 3. J'enlève mon casque et le coupe-vent. J'embrasse Jessie. Je signe quelques autographes. Ma loge. J'allume une bougie parfumée. Je pends mon tee-shirt et mon costume de scène. Je range mes deux cents fiches, soigneusement écrites à la main, sans une rature. S'il y en a une, je recommence. Méline arrive avec du champagne dans un seau à glace. Marco, mon assistant, roule des pétards pour après. L'ingénieur du son vient microter ma veste. Je regarde mon courrier, surtout des invitations, quelques livres. Je remarque une enveloppe dont l'adresse est tapée à la machine. À l'intérieur, le texte est écrit avec des lettres découpées dans des journaux, comme dans les films.

Une menace de mort.

J'AI RÉUSSI À ENTRER EN FRANCE.
TU NE SERAS BIENTÔT PLUS DE CE MONDE.

C'est très tendance. Politiques, journalistes, animateurs, policiers, enseignants, commerçants, aujourd'hui, tout le monde reçoit des menaces de mort pour un oui ou pour un non. C'est l'époque.

Je glisse la lettre dans la poche intérieure de mon costume de ville.

Valérie, ma maquilleuse, débarque. Elle n'a pas trouvé de Visine. Ces gouttes sont désormais interdites en France. Le blanc de mes yeux ne sera donc pas vraiment blanc. Françoise, mon attachée de presse, me propose des dates pour une interview avec *Match*. Catherine, ma coproductrice, m'annonce que Luchini est ravi de faire l'émission. Je vire tout le monde de ma loge et m'isole pour relire mes fiches.

Il est presque 21 heures, l'émission va commencer.

L'Homme en Noir est dans la place. Sanglé dans le costume qui me tient lieu d'armure. Mon paquet de fiches à gauche, mon sampler à droite, la clim dans la gueule, je suis là, juché sur mon tabouret de bar, au centre du comptoir en forme de fer à cheval derrière lequel quatre assises hautes attendent les invités du plus gros talk-show du pays. De chaque côté du plateau, sur des gradins, le public, hystérisé par le chauffeur de salle, est autorisé à une pause.

Malgré la climatisation du plateau poussée au maximum et ma soufflerie directionnelle, je sens de grosses gouttes de transpiration couler le long de ma nuque. J'ai l'estomac serré, les mains moites, le trac. Comme au collège Saint-Michel d'Annecy, quand il fallait se hisser avec une corde jusqu'à la passerelle du portique et, une fois en haut, se rétablir.

Pour ma toute première émission en studio, en 1986 sur TF1, « Scoop à la une », au moment où il avait fallu sortir de ma loge, je n'avais pas pu.

— *J'y vais pas.*

Catherine :

— *Mais ça va pas, non ? Henri Salvador est là, les cadreurs au casque, le public s'impatiente et on est prêts à tourner ! Qu'est-ce que tu veux que je leur dise ?*

— *Dis-leur que j'ai le cancer !*

Après cette première émission où j'étais tellement paralysé par le trac qu'il a fallu tout reprendre au montage, aller chercher un « Bon… » dans une prise et un « … jour » dans une autre, je me suis retrouvé tout seul dans ma loge. Le désaveu le plus humiliant. J'ai pris mon sac dans une main, mon costume de scène sur le bras et je suis allé attendre un taxi devant Bercy. Là, une voiture a roulé dans une flaque d'eau devant moi et m'a couvert de boue.

C'était ma première leçon de la télévision.

En plateau, le trac plus la chaleur des projecteurs, je suis en nage. Pendant chaque clip ou bande-annonce, ce sont des retouches maquillage.

Catherine, dans l'oreillette :

— Tu brilles, Thierry. Je t'envoie Valérie.

On a installé tout un système de ventilateurs. Rien n'y faisait… Et un jour, Jacques Martin m'a conseillé de manger du sel « pour absorber l'eau ». Ni une ni deux, je me suis envoyé une demi-boîte de Cérébos ! Résultat : crise de colique néphrétique. Samu et tutti quanti.

Finalement, j'ai fait incruster deux souffleries d'air frais dans le pupitre devant moi.

Toutes ces années après, le trac est toujours là. C'est la raison pour laquelle je suis cassant avec mes invités : je ne suis pas bien et il n'y a pas de raison qu'ils se sentent moins mal que moi. Quitte à ne pas être à l'aise, autant que personne ne le soit… Voilà pourquoi j'ai demandé à Nicolas Sirkis, le chanteur d'Indochine, si ça le faisait pas chier de chanter faux, ou à Serge Gainsbourg si, avec tout ce qu'il s'était envoyé, il n'avait pas peur que son fils, le petit Lulu, ne soit un peu mongolo…

Et puis, même si je n'avais plus le trac, je continuerais. *Bad boy*, c'est devenu mon métier. Ne comptez pas sur moi pour faire de la télé feel good. « Amis du mouton noir, bonsoir ! » Dans « Lunettes », au Shéhérazade, j'avais un vrai mouton noir qui venait s'asseoir au bar. « Salut, bande de nases ! » Et ça marche. Ils sont deux millions tous les samedis soir. Je suis à la mode.

Méline, l'assistante plateau, m'apporte une flûte de champagne glacé. Voilà, le remède.

— Catherine demande si vous aimez le Cristal Roederer qu'elle vous fait acheter depuis deux semaines ?

Catherine, je l'aime. Qui d'autre pourrait amener ce casting de rêve sur mon plateau ? Stars françaises et internationales, écrivains et philosophes, politiques et sportifs, infréquentables et têtes de Turcs : du moment qu'ils sont dans l'actu, ils sont là. Et pourtant, « Il est quand même plus simple d'aller se faire sucer chez Drucker qu'emmerder chez Ardisson ! » Je dis souvent ça dans les interviews. Ça fait marrer les journalistes. Ils écrivent « su*er » ! Et s'il n'y avait que moi, encore, mais y a Baffie ! Le sniper, l'inventeur de la fonction, le mètre étalon de la vanne du pavillon de Breteuil à Sèvres. Il arrive. Il s'assied à ma gauche. Il ouvre le dossier consacré aux invités que l'équipe de Catherine lui a fait porter il y a trois jours. Il le feuillette ostensiblement pour la première fois, surjouant l'indifférence. Sans un mot ou un regard pour moi ou l'assistance.

Un soir où Jean Rochefort était invité, j'ai commencé par le présenter de manière évidemment très laudative, puis je me suis tourné vers Baffie.

— Laurent, tu connais Jean Rochefort ?

— Non.

Gueule de Rochefort qui voulait la jouer cool, mais peut-être pas jusque-là.

— Mais si, Laurent ! Jean Rochefort : *Un éléphant, ça trompe énormément*, *On ira tous au paradis*, *Le Crabe-Tambour*...

— Non, connais pas…

J'entame l'interview d'un Rochefort outré. Quelques minutes après, Baffie demande la parole.

— Bochefort ?

— Non, Rochefort !

— Alors, je connais pas…

Rochefort, malgré son flegme, a failli se casser.

J'ai ressenti la même gêne le soir où Jamel avait demandé au fils du Général, Philippe de Gaulle, s'il touchait des royalties sur la place et l'aéroport Charles-de-Gaulle.

Baffie est le petit frère de Jean Yanne. Le même sens de l'absurde, la même dérision, la même tendresse.

Quand je l'ai rencontré pour la première fois, avec l'intention de lui faire écrire des sketchs pour le début de l'émission, il m'a montré un micro-trottoir qu'il avait tourné sur les Champs-Élysées, où il demandait aux passants portant un blouson en skaï s'ils étaient conscients de la douleur de la maman skaï voyant ses bébés massacrés sur la banquise pour le bien du prêt-à-porter…

Dans *Les Clés de bagnole* – son long-métrage qui commence avec l'interview de tous les producteurs de Paris refusant de faire le film, et qu'il a soigneusement détruit à sa sortie avec le slogan « N'y allez pas, c'est une merde ! » –, il roule en ville en compagnie de son pote, Daniel Russo, lorsque, soudain, il s'arrête devant une fromagerie tenue par Gérard Depardieu.

Russo :

— On fait quoi, là ?

Baffie :

— Faut que j'achète du fromage pour ma mère.

— Mais c'est pas dans le scénario, ça !

— Oui, mais ma mère a besoin de fromage.

Un peu plus loin, Russo fait l'amour avec une femme dans un lit. Au moment crucial : cut. On le retrouve avec Baffie au bistrot.

— Alors, raconte, ça s'est bien passé ?

— M'en parle pas ! J'étais en train de baiser et y a eu un cut.

— Ça s'appelle une ellipse. C'est normal.

— Je veux un flash-back !

— Y a un seul flash-back dans le film et il est pour moi !

Baffie est aussi le fils de Gotlib et de Mel Brooks.

Je teste les nouveaux samplers de mon clavier. Ce soir, Hervé Bourges, le P-DG de France Télévisions, qui dit : « Thierry, franchement je n'aime pas quand vous parlez de drogue, de *cabannis* ! » Le public se marre.

Il est 21 heures.

Serge, dans son micro :

— On va y aller ! Tout le monde en place ! Les cadreurs au casque !

Ils répondent oui en balançant leurs caméras de haut en bas.

Être animateur, c'est pouvoir capter quatre voix en même temps : celle de l'invité qui répond aux questions de l'interview, celle de la production dans l'oreillette et celle du réalisateur qui donne des ordres aux cadreurs quand le son de leur casque est trop fort. Plus sa voix intérieure. C'est un boulot de contrôleur du ciel. Et de pilote. À partir du moment où l'émission commence, l'animateur est le seul maître à bord. D'où l'idée de ne pas fumer de pétard avant.

Être intervieweur, c'est tout savoir sur l'interviewé et le lui faire comprendre en donnant, dès le départ, quelques détails très précis qui l'amèneront à penser : s'il sait ça, il sait tout, autant dire la vérité. Ensuite, il faut trouver la longueur d'onde de l'invité, créer rapidement de la connivence, utiliser le jargon de sa profession peut aider. Et surtout faire montre de sadisme. Enfant, il faut avoir aimé arracher les ailes des mouches. Puis, poser les questions comme un dentiste qui opère le patient assis sur le fauteuil devant lui. Une douzaine de clients par samedi soir. Toutes les vérités sont bonnes à dire. Au suivant.

Être producteur, c'est inventer l'émission, la vendre à une chaîne et résister aux mauvaises audiences.

Quand Serge a appuyé sur la clé pour parler, j'ai entendu beaucoup de monde en régie. Surtout des attachés de presse qui comptent ainsi pouvoir intervenir sur mes questions, par l'intermédiaire de Catherine. Pauvres cons ! Un : Vous la connaissez mal ! Deux : Vous ne savez pas qu'il suffit de me dire de ne pas parler d'un truc pour que je le répète dix fois ?

Ardisson, *ardus sonus* en latin, « voix forte », grandes gueules de père en fils depuis l'Antiquité !

Je fais un signe à Méline. Elle revient avec du Cristal. Le temps d'engloutir la flûte et Serge lance le générique.

La Terre vue de l'espace. Deux copines en voix off :

— Allô ?

— Oui, c'est moi ! Ça va, et toi ?

— Cool ! T'as vu ce qui se passe, là ? Tout le monde en parle !

— Ah non… De quoi tu me parles ?

— Tu rigoles ou quoi ? La radio, la télé, les journaux, tout le monde en parle !

— Ah oui, le truc ! Mais oui, ce matin, je suis allée au pressing : tout le monde en parle ! Etc.

Serge, dans l'oreillette :

— Cinq ! Quatre ! Trois ! Deux ! À toi !

— Amis du samedi soir, bonsoir ! Bienvenus dans « Tout le monde… »

Le son d'un coup de feu.

Pile en face de moi, une flamme sort du canon d'un revolver.

Je suis en apesanteur dans un nuage de lumière blanche.

Sampler : *Tragedy* / The Bee Gees.

Le coup de feu

Qui a tiré ?
Catherine, dans l'oreillette :
— Vas-y, lance Luchini ! Il est très en forme !
— Et maintenant, j'accueille Johnny Hallyday !
— Mais qu'est-ce qui te prend ? T'es con ou quoi ?

2

Johnny, fils de collabo

Johnny descend le grand escalier menant au plateau. Il est dans sa trentaine. Beau comme dans le scopitone de « Pour moi la vie va commencer » ! Il a encore la banane Elvis. Lumière. Musique. Applos. Comme tous les invités du samedi soir.

Sampler : *Crazy In Love* / Beyonce feat. Jay Z.

Le public lui fait une standing ovation.

Catherine, dans l'oreillette :

— Luchini ne comprend pas ! Je te préviens, il veut se casser ! Tu le connais...

— Alors, Johnny, je ne t'avais interviewé qu'une fois pour « Descente de Police » dans *Rock & Folk*, on se connaissait pas et, lorsqu'il a été question que tu fasses « Tout le monde en parle » pour la première fois, tu avais demandé à Françoise, mon attachée presse, à me rencontrer.

— Ouais, je croyais que tu m'aimais pas...

— Comment avoir vu *D'où viens-tu Johnny ?* à l'âge de 14 ans et ne pas t'aimer ? Le jour où on a bu un whisky, au Meurice, je t'ai dit que le seul problème que j'avais avec toi, c'est que j'avais entendu toutes tes chansons dans leur version originale, en anglais, deux ans plus tôt !

Je pointe mon index sur la caméra de face. « *Makin' Love* » par Floyd Robinson.

J'arrête la musique en l'attrapant avec ma main droite.

Je pointe mon index. « T'aimer follement », version française de « *Makin' Love* ».

J'arrête la musique.

Le petit jeu continue avec « *Teenage Idol* » par Ricky Nelson et « L'Idole des jeunes » par Johnny, « *Somethin' Else* » par Eddie Cochran et « Elle est terrible » par Johnny, « *The House Of The Rising Sun* » par The Animals et « Le Pénitencier » par Johnny, « *Got To Get You Into My Life* » par les Beatles et « Je veux te garder dans ma vie » par Johnny, « *Black is Black* » par Los Bravos et « Noir c'est noir », par Johnny…

Le public chante et applaudit à tout rompre. C'est la fête.

— Après, y a quand même eu Goldman, Berger, Obispo, Thierry !

— Non, mais t'excuse pas ! En France, t'es le King ! Le French Elvis ! À l'époque où tu étais venu dans « Tout le monde en parle », tu ouvrais une boîte de nuit à Montparnasse, L'Amnésia, et je t'avais fait l'ancêtre des interviews formatées : « Le Questionnaire de Proust ». Mais version disco. Boule à facettes au plafond, lumière stroboscopique et gros boum-boum : on avait transformé le plateau en night-club ! On regarde. Magnéto, Serge !

Sampler : *On ne bouge pas pendant le jingle !*

Previously.

Magnéto archives. Johnny dans « Tout le monde en parle ».

Je suis obligé de parler fort, comme dans une boîte :

— Johnny Hallyday, quel est pour toi le comble de la misère ?

— Vivre chez les autres !

— Pour quelle faute as-tu le plus d'indulgence ?

— La faiblesse.

— Quel est ton personnage historique favori ?

— Robin des Bois.

— Quelle est ta qualité préférée chez l'homme ?

— L'humour.

— Et chez la femme ?

— La tendresse.

— Qui aurais-tu aimé être si tu n'étais pas Johnny Hallyday ?

— Jean Gabin.

— Quel est ton principal défaut ?

— Je suis têtu.

— Quel est le don de la nature que tu n'as pas et que tu voudrais avoir ?

— Je voudrais en avoir une de 30 cm !

— Ce que tu détestes par-dessus tout ?

— Les pédophiles.

— Comment aimerais-tu mourir ?

— Vite.

— Est-ce que t'as une devise ?

— Vivre et laisser vivre.

Fin magnéto.

Retour à la lumière normale.

— Jean-Philippe Smet, dit Johnny Hallyday… Vous êtes né le 15 juin 1943 à Paris, IXe…

— Putain, mais on se croirait chez les flics, là !

— C'est ce qu'ils disent tous ! Alors… Johnny… tu as fait beaucoup d'interviews, mais il y a un sujet dont aucun journaliste ne t'a jamais parlé !

Baffie :

— Ses mecs !

Le public se marre.

— Johnny, pendant la guerre, ton père, Léon Smet, a travaillé pour les Allemands !

Le public est sidéré. Baffie regarde ailleurs. Gros malaise en plateau. Panique en régie.

Baffie :

— T'as le don de mettre les gens à l'aise, toi !

Catherine, dans l'oreillette :

— Tu déconnes, ou quoi ?

Johnny :

— Comment tu sais ça ?

— Wikipédia. Tout le monde peut le voir, mais personne ne veut regarder. Ton père, Léon Smet, dit Jean-Michel, était comédien, danseur, chanteur et réalisateur de télévision à Bruxelles.

— Et il est venu en France juste avant la guerre…

Previously.

À son arrivée à Paris, Léon Smet se produisait dans le cabaret d'Agnès Capri, rue Molière. Mais Agnès Capri, de son vrai nom Sophie Rose Friedman, était juive. Au début de l'Occupation, elle est partie travailler à Alger. C'est là que Léon se retrouve sans un sou et en appelle à son beau-frère, Jacob Mar… Fils d'un missionnaire allemand et d'une princesse abyssinienne, Jacob Mar est né en 1881 en Éthiopie. En 1922, il est consul du négus à Bruxelles. Il fait des affaires, mais l'invasion par Mussolini de son pays d'origine complique les choses. Avec sa femme Hélène Smet, la sœur de Léon, la tante du futur Johnny, et ses deux filles, Menem et Desta, il s'exile à Paris où Otto Abetz lui procure un travail à Radio-Paris. Jacob Mar y présente « Le Quart d'heure colonial ». « Radio-Paris ment, Radio-Paris ment, Radio-Paris est allemand ! », répète Pierre Dac sur Radio Londres, et c'est vrai. Quand Léon Smet demande de l'aide à Jacob Mar, son beau-frère, il obtient un poste de directeur artistique à la télévision allemande, Télé-Paris, une chaîne destinée aux soldats blessés hébergés dans les hôpitaux parisiens, et installée rue Cognacq-Jay, là où sera fabriquée toute la télévision française après la guerre. Il commence par organiser la soirée de lancement, avant de produire des émissions.

— Tu en sais beaucoup plus que moi, Thierry. Je t'avoue que je ne me suis jamais intéressé à tout ça…

— En fait, si ton père a quitté si vite le foyer conjugal en 1944, quand les Alliés sont arrivés, ce n'était pas pour une femme, contrairement à ce que racontait ta mère. C'est parce qu'il avait peur de la justice expéditive de l'épuration ! Comme beaucoup de collaborateurs, il a fui en Espagne.

— Je suis resté avec ma mère, Huguette, qui était mannequin cabine chez Jacques Fath… Mais c'est la sœur de mon père, Hélène, qui m'a élevé… Jusqu'à l'âge de 16 ans, j'ai dû voir ma mère sept ou huit fois…

— Et un jour, vous rentrez du square avec Hélène et ses filles, Menem et Desta, vous arrivez devant le 13, rue de la Tour-des-Dames, dans le IXe, où vous habitez, il y a des voitures de police partout : leur mari et père, ton oncle, Jacob Mar, est arrêté pour faits de collaboration.

— Quand j'étais môme, c'était un sujet tabou à la maison. Jacob est resté cinq ans en taule à Drancy.

— Tu devais bien te poser des questions ?

— On me répondait pas, ou bien on me disait : « On t'expliquera plus tard ! » Mais on m'expliquait jamais rien, finalement… À l'école, je me faisais traiter de « fils de collabo ». Mon mutisme devant les micros et les caméras, mon mal-être, ma timidité, ma déprime, mes angoisses, tout vient de là ! Pas besoin de lâcher du fric aux psys pour savoir ça !

Catherine, dans l'oreillette :

— En régie tout le monde trouve ça fort, mais je sais pas ce qui se passe… Ça marche pas… La guerre, c'est loin. Ça a beau être Johnny, les gens s'en foutent. L'audience baisse. T'aurais dû faire Luchini ! Trouve un truc ! Vite !

— Johnny, c'est Elvis qui t'a poussé à troquer ta guitare classique contre une guitare électrique ! Et c'est une chanson d'Elvis, « *Love Me Tender* », que Yarol Poupaud et Yodelice ont jouée pour ton enterrement à Saint-Barth ! La boucle était bouclée !

— Quand j'étais môme, c'était lui, l'idole des jeunes !

— Vous vous êtes rencontrés une fois, dans un bar de nuit, La Calavados, rue Pierre Ier-de-Serbie, à Paris, en 1959 !

— Comment tu sais ça ?

— Je sais tout !

— Régine m'avait juré de ne rien dire ! Mais bon… oui… À l'époque, il faisait son service militaire en Allemagne. Il était à Paris pour le week-end. En uniforme. Même la casquette !

— Ce soir aussi, il est là !... Et maintenant, j'accueille Elvis Presley !

Costume en lamé bleuté, banane sculptée, regard argenté : c'est le Presley de « *Love Me Tender* » qui descend l'escalier. Musique. Lumière. Applos.

Johnny, timidement :

— Salut, Elvis !

Elvis :

— *Hi!*

— Ben... euh... C'est toi qui m'as donné envie de faire du rock'n'roll ! Je suis content de pouvoir te le dire ! À La Calavados, Régine m'avait présenté comme « le meilleur rocker français », j'avais honte... Tu m'avais dit : « *Good luck, kid!* »

— Me souviens pas... Mais après, tu es devenu une star ! Aux USA, on t'appelait « le sosie d'Elvis » ! Toi aussi, ensuite, tu as interrompu ta carrière pour faire ton service militaire !

— Je t'ai toujours imité.

— En tout cas, maintenant, on a le temps de faire connaissance !

Mais soudain, Elvis devient le crooner obèse de la fin, l'idole boudinée dans sa combinaison qui passait sa vie de constipé sur les chiottes de Graceland, à bouffer du *peanut butter*. Il veut partir. Il s'énerve. Il tombe de son tabouret. Il faut deux vigiles pour l'aider à remonter l'escalier.

Johnny Hallyday lui aussi vieillit d'un seul coup. Le feu s'éteint dans ses yeux. Son visage juvénile se transforme instantanément en masque mortuaire. Sa moue devient un rictus. L'idole s'estompe et disparaît.

Catherine, dans l'oreillette :

— Je t'envoie Luchini ? On sait plus quoi lui dire ! Il voulait entrer sur le plateau pendant l'interview de Johnny ! Fabrice, quoi…

3

Le limogeage de Dieudonné

— Et maintenant, j'accueille Xavier Dupont de Ligonnès !

Sampler : *Sacrée Soirée* / Générique.

Le public crie sa stupéfaction. Musique. Lumière. Applos.

Personne ne descend l'escalier qui mène au plateau.

— J'accueille Xavier Dupont de Ligonnès !

Sampler : *Sacrée Soirée* / Générique.

Toujours rien.

Méline apporte du champagne.

Catherine, dans l'oreillette :

— On fait quoi, là ?

— Je lance la pub ?

— Quelle pub ? On est sur le service public, pas de pub après 20 heures ! T'es vraiment pas dans l'émission, ce soir !

— Je ne sais pas où est Xavier Dupont de Ligonnès, surtout…

— Dans ta tête, Thierry ! Ce soir, ils sont tous dans ta tête !

— Dis que je suis cinglé, tant que tu y es !

— Non, Thierry, tu n'es pas cinglé, tu es juste ailleurs… Tu connais une Muriel ?

— Oui, c'est ma fan n° 1, la Belge… Une fille qui tient un blog sur l'émission depuis deux, trois ans. À une époque, elle était là tous les samedis, mais depuis quelques semaines elle ne peut plus venir en France, elle a eu des problèmes avec les stups dans le Thalys, une histoire de pilules d'ecstasy… Elle est bien perchée !

— Les flics l'interrogent depuis une demi-heure dans une loge… Ça pourrait être elle qui a tiré.

— Elle aurait réussi à entrer en France ?

— Faut croire.

— Une fan ! Comme Mark Chapman avec John Lennon !

— Tu as eu des problèmes avec elle ?

— Je lui ai dit d'arrêter de me harceler. C'est tout.

— C'est tout ?

— Un matin, au 93, Faubourg Saint-Honoré, je l'ai retrouvée allongée sur le pas de ma porte, au 4e : elle avait dormi là ! Je l'ai virée.

Sampler : *She Came In Through The Bathroom Window* / The Beatles.

— Violemment ?
— Fermement.
— Rien de sexuel ?
— Je suis pas Claude François !
— Les fans, c'est la rançon de la gloire...
— Oui, ça sert à rien de se donner tant de mal pour être célèbre si c'est pour se planquer derrière des lunettes noires. Autant bosser chez Axa ! Même quand ils me disent « Je vous adore, Monsieur Arditi ! Avec ma femme, on rate jamais "On ne peut pas plaire à tout le monde !" », j'ai appris à les aimer... Mais Muriel n'a pas de limites. Elle a appelé Audrey pour lui dire qu'elle avait un mari formidable !
— Je te passe Audrey, justement.
— Mais je suis à l'antenne, là !
— Elle veut te parler !
Audrey :
— Ça va, mon amour ? Catherine a l'air inquiet...
— Ça va. Ça va. Je t'aime, bébé !
— T'as pas l'air en forme... Y a un problème ?
— Non, non.
— Dis-moi !
— Je viens de me faire planter par Xavier Dupont de Ligonnès...
— Quoi ?

— Ce soir, j'ai qui je veux !

— Et t'as qui, là ?

— J'avais Johnny et Elvis... Ça marche pas... J'espère avoir Lennon...

— T'es bourré ou quoi ?... Au fait, je t'ai pas dit, j'ai reçu les cartes d'embarquement pour demain. L'avion est à 11 heures à Roissy. Faut y être à 9 heures.

— Le lac de Garde, la Villa Feltrinelli, ça va nous faire du bien !

— Pour nos quinze ans !

— J'ai envie de revoir le Vittoriale degli Italiani, tu te souviens, la propriété de Gabriele d'Annunzio...

— J'aimerais bien qu'on aille à Sirmione cette fois !

— Ne prends pas une valise trop grosse...

— La veste en seersucker, la robe à fleurs de Capri et la petite noire vintage de Didier Ludot pour le dîner... À tout à l'heure ! Je t'aime !

— Je t'aime.

Sampler : *Vivre* / Michel Berger.

Le public s'impatiente. Baffie s'ennuie. Silence complet sur le plateau. Moment suspendu.

— Thierry, est-ce que tu sais quel animal respire avec son anus ?

La zoologie. C'est là qu'il est le plus fort ! Les animaux, le seul truc qu'il prend vraiment au sérieux ! La nuit, autour de chez lui, dans la banlieue verte, il aide les hérissons et les crapauds à traverser la route…

— L'ornithorynque ?

— Non. La tortue serpentine. Mais avec son bec plat, ses pattes palmées et son éperon venimeux, l'ornithorynque est pas mal non plus !… Toujours pas de nouvelles de Dupont de Ligonnès ?

Catherine, dans l'oreillette :

— J'ai Dieudonné qui a appelé. Il veut absolument venir…

— Pas question ! Je l'ai viré en 2004, c'est pas pour le reprendre vingt ans plus tard ! J'ai toujours mis un point d'honneur à inviter des infréquentables, mais Dieudo et Soral, c'est plus possible depuis longtemps.

Baffie :

— C'est quoi, l'embrouille avec Soral ?

— Soral, tant qu'il parlait de drague, ça allait encore, mais quand il est devenu « national-socialiste », il n'a plus été invité.

— Et Dieudo ?

— Antisémitisme décomplexé ! Il a remis le « problème juif » sur la table. Il s'est ouvertement moqué de la Shoah. Il a agrandi la fenêtre d'Overton. Il a rendu acceptables des idées inacceptables. La justice l'avait emmerdé pour son sketch sur le colon juif chez Fogiel, le CNC lui avait refusé une aide pour son film sur la traite des Noirs. Résultat : il est parti en guerre contre les juifs en disant qu'on trouve toujours de l'argent pour raconter « les souffrances du peuple élu » ! Je lui ai expliqué que, dans un pays où la police avait livré des enfants de 6 ans et des héros de 14-18 à des camps d'extermination, il était inimaginable de s'attaquer aux juifs. En tout cas, sur mon plateau… Magnéto, Serge !

Sampler : *On ne bouge pas pendant le jingle !*

Magnéto archives. Dieudonné dans « Tout le monde en parle ».

— Bonsoir, Dieudonné ! Je vous ai toujours trouvé très drôle et, en plus très bon comédien, et je suis un peu désolé, pour vous dire la vérité, de vous voir vous enfoncer là-dedans parce que c'est la dernière fois que je vous invite, Dieudo…

Le public râle.

Dieudonné :

— C'est courageux de le dire ! Si je suis plus invité, je serai plus invité, mais je ne peux pas aller contre ma conscience et ma dignité !

Fin magnéto.

Le naufrage commençait. Il faudra attendre dix ans pour que Manuel Valls interdise les spectacles de Dieudonné. Entre-temps, en accord avec Soral et propulsé par l'extrême gauche et les réseaux sociaux, le virus aura fait les ravages que l'on sait : vingt ans plus tard, les juifs ont peur de sortir de chez eux. Comme à Berlin dans les années 30.

Baffie :

— C'est rare que l'on dise à un invité en direct qu'on ne le recevra plus !

— Oui, en général, la programmatrice répond qu'on n'a pas de place... qu'il faudra rappeler plus tard...

Catherine, dans l'oreillette :

— Dieudonné insiste...

— *Niet.*

— Daniel Schneidermann, de *Libération*, a appelé lui aussi. Il dit qu'un peu de repentir ne te ferait pas de mal. Il te demande de ne pas oublier de parler de ton interview de Thierry Meyssan...

Thierry Meyssan, l'auteur de *L'Effroyable Imposture*, qui affirmait qu'aucun avion ne s'était crashé sur le Pentagone, le 11 septembre 2001. Je l'avais reçu le premier sur France 2, avant qu'il ne soit interviewé par Canal et France 3. Faut dire que, ce soir-là, si j'avais eu Bernard-Henri Lévy et André Glucksmann en plateau, à la place de Bruno Solo et Yvan Le Bolloc'h, j'aurais sans doute pris plus de précautions oratoires, de distance journalistique, et réfréné mon goût pour les romans de Philip K. Dick... Bref, j'ai écouté son truc comme un thriller. J'ai fait une connerie. Dont acte.

Baffie :

— Meyssan disait : « Le fait que l'on ait retrouvé le passeport de Mohammed Atta sur la pile de gravats du World Trade Center, ça n'étonne personne ? »

— Il s'était trompé, mais c'est aussi dingue : ce n'était pas le passeport d'Atta, mais celui de Satam al-Suqami, un autre pirate de l'air. Et il n'a pas été récupéré au sommet des débris, mais un peu plus loin dans la rue, emporté par le vent !

Catherine, dans l'oreillette :

— Donc, tu ne veux pas de Thierry Meyssan ?

— J'ai fait mille fois des excuses là-dessus ! Je vais pas commencer à me prendre des *shitstorms* sur la gueule ! C'est pas mon jugement dernier quand même !

— Si, un peu, finalement…

4

Corti en taule

— Eh oh ! Patron ! T'es là ?

Corti. « Môssieur Philippeu Corti » ! Sa voix arrive du fond du plateau. Il ne manquait plus que lui.

— Eh oh ! Patron ! T'es là, tu fais ton truc, avec tes invités, et moi ? Je m'emmerde en attendant le blind test ! D'ailleurs, est-ce qu'il y en a un à la fin de l'émission ? J'ai l'impression que tout part en couilles ce soir !

— Qui sait comment ça va finir…

Mais on sait où ça a commencé.

Previously.

C'était au Distritto, une boîte des Halles. Christian et Françoise Lacroix m'avaient traîné là. Corti mettait les disques. Non, Corti foutait le feu au dancefloor. Déjà sa méthode : « Les bras, les bras ! Pas de bras, pas de chocolat ! » pour décoincer les gens et « La Belle de Cadix » / Luis Mariano, au climax de la soirée. La vogue du Distritto a été éphémère, mais elle a marqué l'émergence d'une movida parisienne dont les Lacroix,

Corti, les Gipsy Kings et Étienne Roda-Gil, souvent avec Vanessa Paradis, ont été les principaux acteurs. C'est comme ça que Philippe s'est retrouvé dans mon émission « Bains de Minuit », aux Bains.

Sampler : *El Adiós* / Sevillana.

L'été, Philippe était DJ au Papagayo, à Saint-Tropez. Ça marchait tellement bien que ses concurrents se sont inquiétés. Ils ont fait courir la rumeur que ce succès n'était dû qu'à l'approvisionnement des clients en drogues diverses. Jusqu'au jour où les stups ont débarqué pour arrêter Corti. Procès. Prison à Tarascon. Deux cents pompes le matin pour garder la forme.

Un jour, je reçois une lettre de Philippe. La justice serait favorable à une remise de peine si le détenu avait un boulot. Ni une ni deux, j'engage Corti dans « Tout le monde en parle » pour présenter le blind test. Résultat : une levée de boucliers. Hervé Bourges, le président de France Télévisions, a expliqué que Corti avait payé sa dette à la société et l'affaire est vite rentrée dans l'ordre.

— Tu m'as sauvé la vie, patron !

— Et aujourd'hui, si tu fais le mauvais garçon, c'est dans des films policiers ! Tu es la réincarnation d'André Pousse !

— Y en a un autre avec qui tu as été bien, c'est Michaël Blanc !

Tout le monde se souvient de ce jeune *traveller* français arrêté à Bali avec une bouteille de plongée pleine de haschich. Condamné à la perpétuité, peine finalement ramenée à vingt ans. Sa mère l'a rejoint à Djakarta, où il était emprisonné. Pour subvenir à leurs besoins, j'avais créé « Le Michaëlthon », une séquence de « Tout le monde en parle » où nous vendions un blouson confié par Johnny ou une guitare offerte par Eddy… Malgré les engagements des politiques sur mon plateau, personne n'est arrivé à le faire libérer. Michaël est rentré en France dix-huit ans après. Détruit par l'héroïne à laquelle il s'était accroché en prison. Depuis, il reconstruit discrètement sa vie en Savoie. Sa mère est restée là-bas.

— Hey, Philippe, t'en as, là ?

— Arrête tes conneries, Thierry ! On fait le blind test ? Je reviens !

Sampler : *Rock DJ* / Robbie Williams.

— Et maintenant, j'accueille Môssieur Philippeu Corti !

Corti, en costume de torero sang et or, descend le grand escalier, escorté par Thallia et Titia, qui minaudent en baby doll.

— Thierry ! Compte tenu des circonstances, on t'a préparé un blind test « *Life* » !

Musique.

Baffie, à la troisième note :
— *Life On Mars* / David Bowie !
Applos.
Musique.
Baffie :
— *For Once in My Life* / Stevie Wonder !
Musique.
Baffie :
— *Wonderful Life* / Black !
Musique.
Baffie :
— *Just One Lifetime* / Sting !
Corti :
— Sting et ?
Moi, timidement :
— Shaggy !
Corti :
— Ben, y serait temps que tu t'y mettes, Thierry ! T'as inventé le blind test ! T'as même commencé à 17 ans, disquaire à Juan-les-Pins ! T'as perdu la mémoire ?

Previously.
J'avais eu mon bac. Mon père m'avait demandé quel cadeau je voulais. J'avais répondu : « Partir ! » Il m'avait donné un peu d'argent et je m'étais retrouvé à Juan-les-Pins… Au bout d'une semaine, je n'avais plus un sou, je dormais sous une tente de camping à une place, entre la route et la voie ferrée qui mènent à Cannes. Le

reste du temps, je m'emmerdais sur la plage. Un jour, un grand type très mince, profil d'oiseau, petites lunettes, s'approche de moi pour me draguer. Je lui raconte ma vie. Johnny Honeywood, c'était son nom, me propose de commencer le soir même comme disquaire, on ne disait pas encore DJ, au Whisky à Gogo, le night-club à la mode dont il était le directeur. Je me suis jeté à l'eau. Et là, pendant deux mois, j'ai vécu dans la hantise d'un blanc entre deux disques et la peur que personne ne danse. « Si la piste se vide, c'est toi qui es vidé ! » répétait Honeywood. Heureusement, c'était très bien payé. Et puis, c'était l'époque où il y avait encore des slows dans les boîtes. Je m'échappais parfois de ma sono. Quand la drague était fructueuse, il y avait la pinède, en face du Whisky, celle du festival de jazz, où j'avais découvert Ella et Ray avec mes parents. Je mettais « *Going Home* » des Stones sur ma platine, 11 minutes 35, et j'allais retrouver des amoureuses sous les arbres. Après la fermeture, on finissait au Zanzibar, à Cannes. Ensuite, on rentrait à Juan où mes copains du Whisky partouzaient jusqu'à 10 heures du matin…

C'est comme ça que j'ai découvert la nuit, la face cachée de la vie. Je ne l'ai quittée que quarante ans plus tard.

Corti :

— Ça va pas, patron ?

— Je sais pas trop ce que j'ai, ce soir…

— Déconne pas ! Ils vont finir par nous virer !

— Philippe, tu te souviens, le jour où on a appris l'arrêt de « Double Jeu », quand tu m'as dit…

— « Toi, un catholique, tu me lourdes ! »… Allez, salut, Thierry !

Corti repart vers l'arrière du plateau en rigolant avec ses gogo girls.

Sampler : *Ma quale idea* / Pino D'Angio.

Catherine, dans l'oreillette :

— Tu veux la meilleure ? Corti nous plante ! Il vient pas ! Faut trouver un DJ pour le blind test !

— Mais il est où ?

— À Avignon ! Il dit qu'il s'est foulé la cheville et qu'il ne peut plus marcher… Encore moins monter dans un avion…

— Et demain, on le croisera courant comme un lapin dans Paris !

— Comme d'habitude… Tu sais qu'il a zappé le mariage du fils de Serge à Monaco ?

— Moi, c'est le baptême de ma fille ! Mais… il n'était pas là tout à l'heure, Corti ?

— Dans ta tête, Thierry.

5

Gainsbarre balance Gainsbourg

— Et maintenant, j'accueille Gainsbourg et Gainsbarre ! Blazer marine, Levi's et Repetto pour le premier, Perfecto et lunettes mouche noires pour le second, ils descendent l'escalier en se tenant à la rampe. Lumière. Musique. Applos.

— Bonsoir à tous les deux ! Je pense que c'est la première fois que vous êtes réunis sur un plateau depuis « L'Auto-Interview » de « Lunettes / Spéciale Gainsbourg »… On regarde. Magnéto, Serge !

Magnéto archives. « Lunettes noires pour nuits blanches ».

— *Alors moi, c'est Gainsbarre. Toi, t'es Gainsbourg. Moi, j'trouve que t'as une sale gueule. Alors, tu te dis quoi le matin, quand tu sors des vapes ? Quand tu te regardes dans la glace ?*

— *« Remettez-nous ça, patron ! »*

— *À part tes* oneilles, *comme dirait Ubu, tu changerais quoi si t'avais une baguette magique ?*

— Qu'est-ce qu'elles ont ? Tu me cherches, toi ?... Je voudrais bien changer de queue pour avoir un plus gros calibre. Tu sais genre... rechargeable. Huit coups.

— Dis donc, petit gars, quand t'étais petit, tu voulais ressembler à quoi ?

— Je connais une phrase de Picabia, qui dit : « Moi, Monsieur, je me déguise en homme pour n'être rien » ! T'es baisé là, hein ?

— Dis-moi, Gainsbourg, tu penses que tu vas mourir comment ? Tu vas crever ? C'est pour bientôt, hein ? Si on parle mathématiques...

— Pfff... Comment je vais crever ? Sur un coup, j'espère, s'envoyer en l'air ! La plus belle mort. Mais en crachant la purée quand même. Faut ce qu'il faut !

— Et tu te souviens en 47-48 ? Les huit jours que t'as passés chez Dalí ? Avec le salon tapissé d'astrakan.

— Ouais, j'avais les clés, lui il était à Cadaqués. Je crois que c'est pour ça que tout est noir chez moi. J'ai tringlé une fille sur un lit carré, trois mètres sur trois, que j'ai refait à l'identique chez moi. Et par terre, il y avait des Miró, des Klee, des Picasso, des Dalí... Ça, ça m'a marqué à vie. Il y avait une odeur de soufre et d'hyper-luxe...

— Maintenant, je vais te piéger : en 1959, tu déclarais : « Je chante pour pouvoir un jour reprendre la peinture. » Explication, mon petit gars ?

— Il n'est pas trop tard. Tu vois, j'arrête de boire, ça tremble pas ! Si j'ai encore mon acuité visuelle... Il y a

une phrase de Delacroix qui est très cruelle, mais qui est superbe, qui dit ceci : « Un peintre doit savoir attraper au vol un ouvrier tombant d'un échafaudage dans le temps qu'il met à tomber. » C'est dur, mais superbe.

— Entre Ginsburg, Gainsbourg et Gainsbarre, t'aurais pas préféré être Gainsborough, le peintre de l'harmonie ?

— Gainsborough, il a un musée mais, moi, je suis bien encadré aussi.

— Avec Evguénie Sokolov, *tu penses que tu as écrit un bon bouquin ou Gallimard l'a publié parce que c'était toi ?*

— Chez Gallimard, je suis entre deux fiottes, par ordre alphabétique, Genet et Gide, faut le faire, ça !

— Gainsbourg, tu as dit quelque chose de pas trop con : « L'homme a créé Dieu, l'inverse reste à prouver. » T'es toujours athée, mon p'tit gars ?

— Non, je crois que je vire au polythéisme, c'est-à-dire je mets toujours les dieux au pluriel, de peur qu'il y en ait un qui le prenne mal.

— Dans Mauvaises nouvelles des étoiles, *tu as dit « Dieu est juif », ça veut dire quoi au juste ?*

— C'est tout simple, Jésus était de race sémite, il a dit : « Je suis le fils de Dieu. » Donc, élémentaire !

— Tu leur en veux, aux Français, de t'avoir cousu une étoile de shérif sur la poitrine, en 1942 ?

— Je n'en veux pas à la Wehrmacht, c'étaient de pauvres mecs qui faisaient l'Occupation. J'en veux aux miliciens. Enfin, j'en veux... Il y a prescription ! Vaffanculo *!*

— C'est vrai que pendant la guerre, pendant une perquisition, tu te cachais à quelques kilomètres d'Oradour-sur-Glane ?

— Eh oui, j'ai eu des sursis dans la vie et, ça, c'en est un des plus importants.

— Coco, je vais te poser une colle et, comme t'es pas con, tu vas sûrement m'envoyer une vanne. Qui a coulé le Titanic *?*

— Iceberg, encore un juif !

Fin magnéto.

Gainsbourg :

— Y avait Béatrice Dalle, ce jour-là ! On a fait connaissance ! La bouche à pipes qu'elle avait…

Gainsbarre :

— Y avait un autre invité que tu connaissais pas, c'était le mec qui a écrit *Un singe en hiver*, le hussard, Antoine Blondin !

— Pourtant, vous traîniez depuis trente ans tous les deux, toutes les nuits dans les mêmes bistrots de la rive gauche…

Gainsbarre :

— Il disait : « On boit ensemble, mais on est saoul tout seul. » Moi, quand je bois, je vois double. Y a Gainsbourg et Gainsbarre ! Quand Gainsbarre se barre, Gainsbourg se bourre !

— Blondin disait aussi : « Je préfère l'alcool, on ne trinque pas avec une seringue ! »

Gainsbarre :

— Lui aussi, il adorait les flics et les commissariats !

— En fait, Serge, tu n'étais pas en promo à cette époque, donc nous n'avions pas candidaté pour t'avoir dans l'émission. C'est Philippe Lerichomme, ton attaché presse, qui m'avait appelé : « Il veut faire une Spéciale avec toi. Seule contrainte : que ça soit tourné l'après-midi. »

— Attaquer au champagne à 14 heures, t'avais du mal, ma poule ! Moi, j'avais commencé au pastis pur à 11 heures…

— Après l'émission, j'ai demandé à Philippe Lerichomme pourquoi tu voulais ce tournage et il m'a répondu : « Serge doit subir demain une grave opération, il a une chance sur deux d'y rester, et il voulait faire sa dernière émission avec toi ! »

— Tu avais fait ce que je pensais être ma dernière émission, on voulait faire ta dernière ce soir.

— Pourquoi la dernière ?

Gainsbourg allume une Gitane et Gainsbarre, un billet de 500 euros. Ils remontent l'escalier bras dessus, bras dessous.

Sampler : *Je suis venu te dire que je m'en vais* / Serge Gainsbourg.

Baffie :

— Je les ai croisés l'autre soir au Folie's Pigalle ! Faits comme des rats ! Ils ont fini par se taper sur la gueule…

6

La vengeance de Milla Jovovich

— Et maintenant, j'accueille Milla Jovovich !

Chevelure étincelante, moulée dans une robe en perles, Milla descend le grand escalier en prenant des poses toutes les trois marches. Lumière. Musique. Applos. Elle s'installe avec grâce. Serge tape des gros plans. Méline m'apporte du champagne.

— Milla Jovovich, bonsoir ! Alors, on vous connaît pour *Le Cinquième Élément* et *Jeanne d'Arc*, réalisés par votre premier mari, Luc Besson, et la série des *Resident Evil*, réalisée par votre deuxième mari, Paul W.S. Anderson !

— Dis qu'elle couche utile !

— Laurent ! Si on peut éviter de se disputer chaque fois qu'elle vient… J'espère, Milla, que vous ne gardez pas un trop mauvais souvenir de notre première rencontre ?

— Vous, au moins, vous connaissiez le dossier, vous aviez travaillé votre interview. Le reste de la presse française ne me parlait que de Luc Besson !

Previously.

Au début des années 2000, Milla Jovovich était venue faire la promo de *Resident Evil* dans l'émission. Elle riait trop fort. Elle faisait des gestes saccadés. Elle surjouait. Baffie n'en revenait pas.

— Au contrôle antidopage du Tour de France, elle passe pas...

Au moment de vendre son film, Milla a expliqué que c'était compliqué à pitcher, mais qu'il fallait aller le voir, car elle avait besoin d'argent, ses albums de musique lui coûtaient cher... Pas la reine de la promo !

Je lui ai alors raconté sa vie. Naissance à Kiev, encore soviétique, en 1975. Déménagement à Sacramento, en Californie. Et là, une première carrière : baby-star. Des pubs à 9 ans, remarquée par Richard Avedon à 11 ans, salaire de 3 000 dollars par jour à 13 ans et, à 15 ans, le premier million de dollars ! Mais ce qui intéresse le plus Milla, c'est la liberté ! Elle veut partir à New York. Sa mère le lui interdit. Elle épouse un acteur, Shawn Andrews. « Je voulais une carte de crédit ! » Sa mère fait annuler le mariage. C'est à ce moment-là que son père est arrêté pour fraude et jeté en prison.

L'ambiance était tellement hystérique ce soir-là qu'elle a pu penser qu'on se moquait d'elle. « J'ai perdu quand même mon père pendant huit ans », a-t-elle dit, ulcérée, comme si c'était de ma faute, avant de briser sa flûte de champagne sur le sol et de quitter le plateau.

Sampler : *X-Files* / Générique.

J'ai juste eu le temps de demander à un mec du public qui ressemblait à Luc Besson de la raccompagner.

Tout le monde en a parlé. On a même fini par instituer « L'Interview Milla Jovovich » où, quand un invité ne veut pas répondre à une question, il doit balancer par terre l'une des coupes de champagne qu'il a devant lui !

— Alors, Milla ? Vous m'avez pardonné ?

— Pas vraiment. J'avais passé un très mauvais moment. Ce soir, ça va être votre tour, Thierry !

— C'est-à-dire ?

— Connaissez-vous le mot « zinzolin » ?

J'ai compris. Trop fort. Elle a trouvé le point faible. Elle a bossé.

— C'est une couleur, un violet rougeâtre ?

— Arrêtez de me prendre pour une conne ! Je suis venue pour me venger.

Elle sourit, sûre de son fait.

Sampler : *revolver à silencieux.*

Catherine, dans l'oreillette :

— Qu'est-ce qui t'a pris de la réinviter ?

Milla a décidé de me faire revivre la honte de ma vie. Je suis battu.

Previously.

En 1995, j'avais publié chez Albin Michel un livre intitulé *Pondichéry*, dans lequel je voulais raconter les comptoirs français des Indes. Leurs noms soulignés en rose sur les atlas géographiques de mon enfance me faisaient rêver : Karikal, Mahé, Yanaon, Chandernagor et plus particulièrement Pondichéry, ses petits palais XVIIIe sous les palmiers, ses parties de pétanque arrosées au pastis, ses noms de rues Ancien Régime. L'hôtel Dupleix. L'église Notre-Dame. La statue de Jeanne d'Arc.

Aux Indes, la France possédait des « comptoirs », mais aussi des « loges », des enclaves de taille plus réduites, à l'intérieur du sous-continent et non pas sur ses côtes. Si les comptoirs ont été rendus à l'Inde en 1954, les loges l'avaient été un an après l'indépendance, en 1948. Raymond Dorgères, le personnage principal de mon roman *Pondichéry*, un fonctionnaire colonial en charge d'une loge, avait été le premier Français à avoir baissé le drapeau tricolore sur un bout de l'Empire, bien avant l'Indochine et l'Algérie. À 80 ans, il retraçait son histoire, barricadé dans un rez-de-chaussée de la cité des Indes à Sartrouville, fenêtres grillagées, porte blindée, ultime enclave.

Le vrai drame commence un soir dans un bistrot où l'on dîne avec l'équipe entre deux tournages de « Frou-Frou ». Un pote me dit : « T'as vu le papier dans *Le Monde* sur ton bouquin, *Pondichéry* ? » Le livre démarrait très bien, les critiques étaient bonnes, et maintenant les honneurs du *Monde*, après *Match* ! Mais ce qui motivait l'article était tout autre chose, une lettre envoyée au journal par un vieux prof de lettres de La Réunion qui avait remarqué de fortes ressemblances entre *Désordres à Pondichéry*, publié par George Delamare en 1938 et mon nouveau livre. C'est « zinzolin » qui lui avait mis la puce à l'oreille ! Pour lui, il était impossible que je connaisse ce vieux mot parfaitement inusité, je l'avais copié !

Oui.

Malgré trois ans de boulot, j'étais hors délais. Après le succès de *Louis XX*, mon éditeur Richard Ducousset, chez Albin Michel, m'avait donné un gros à-valoir et me mettait la pression pour la livraison du manuscrit. J'avais carrément recopié six pages ! « Quand on recopie, on copie pas, on paraphrase ! » m'ont dit, le lendemain, tous mes potes écrivains.

Deuxième connerie : avouer. Malgré l'interdiction de Richard, pour qui tout ça allait finir par passer, en bon catho, je suis allé me confesser sur Europe 1. Ça a été la curée !

Adieu, *Cinémoi* et *La Bilbe* au Seuil, à 24 et 26 ans ! Oubliés, les cent mille exemplaires de *Louis XX* et de *Confessions d'un Babyboomer* ! Effacés, le « Je vous recommande ce livre » de Bernard Frank et « le Montherlant de la dope » d'Éric Neuhoff pour *Rive Droite* ! Zappé, le passage chez Bernard Pivot à

« Apostrophes » face à Max Gallo pour *Louis XX* ! Fini, les nouveaux hussards ! Je n'étais plus un écrivain, j'étais un plagiaire.

J'avais honte de moi.

Cette histoire a flingué mon envie d'écrire pendant dix ans.

Sampler : *Shame* / Evelyn Champagne King.

J'avais pourtant commencé tôt. J'ai écrit mon premier livre à 13 ans, au stylo-plume, sur des cahiers d'écolier que j'ai ensuite collés ensemble. Je travaillais dans un petit bureau sous l'escalier qui montait au premier, pendant que mes parents regardaient l'ORTF. Ça s'appelle *Fugue en gros bémols*. Je l'ai gardé dans la boîte en bois où, en prévision des déménagements de la famille tous les deux ou trois ans, je conservais mes trésors. Je l'ai toujours, exposé sur les étagères de mon salon où je collectionne les souvenirs de ma vie.

Ce livre est mon rosebud.

Après une préface où, pour présenter « l'ouvrage », j'imagine la première « Auto-Interview », Ardisson questionnant Thierry, *Fugue en gros bémols* se présente comme une succession de courtes nouvelles, des pitchs.

Dans « Le Nain », des circassiens font opérer leurs enfants pour pouvoir les utiliser comme des monstres de foire. « Oh » raconte le lesbianisme chez les religieuses d'un couvent. « Signal d'alarme » : un train ne s'arrête à aucune gare et va s'enfoncer dans la mer. « Coco » : un jeune élève du collège Saint-Michel, à Annecy, est utilisé comme mule pour faire passer de la drogue en Suisse. « Les Milliards paralysés » : un richissime tétraplégique se retrouve seul sur le canot de sauvetage de son yacht après un naufrage et n'arrive pas à se suicider. « Shocking » : un ado prostitué tue sa mère maquerelle. « Anubis » : un ouvrier sur un chantier de travaux publics engrosse une chienne et se retrouve avec un fils à tête de chien. « Merde alors ! » : un homme enterré vivant tape de toutes ses forces sur son cercueil, se plante une écharde dans le doigt et meurt d'une septicémie. « Daltar » : un vaisseau spatial qui ne se dirige pas vers une planète, mais vers l'infini…

Comment, vivant dans une famille où mon père priait une demi-heure tous les soirs, à genoux, au pied d'un crucifix, ai-je pu écrire ça à l'âge de 13 ans ?

Mon deuxième livre, c'était *Cinémoi*, à 24 ans, en 1973, dans une bergerie perdue au fond du campo de Ios, Cyclades, où je jouais les hippies. Après un début de carrière réussi dans la pub, j'avais ressenti un irrépressible besoin de littérature et j'avais abandonné la capitale pour six mois. Paris-Athènes en Triumph Herald. Le Pirée-Ios sur le vapori *Evangelistria*. Tout ça avec un gros tourne-disque et une malle pleine de 33 tours. C'était la Grèce en hiver, celle des chaussons à la feta et aux épinards, les spanakopita, celle du vin à la résine de pin et des cafés turcs. Je me prenais pour Alan Bates arrivant au Pirée sous la pluie, avant de partir en Crète où l'attend Anthony Quinn, alias Zorba le Grec.

Sampler : *Without You* / Harry Nilsson.

Catherine, dans l'oreillette :

— Jean-Luc Barré, ton éditeur, est en régie avec nous, il voulait t'encourager.

— Passe-le-moi. Merci... Bonsoir, Jean-Luc !

Barré :

— Bonsoir, Thierry ! Comment se prépare votre voyage au lac de Garde ?

— On part demain à 11 heures. Je vais en profiter pour prendre un peu de recul sur le livre.

— Vous en êtes où ?

— Quand je quitte la pub pendant six mois pour aller écrire un livre en Grèce.

— *Cinémoi* ?

— En fait, j'étais parti avec une autre idée...

Previously.

Durant toute mon enfance, j'ai fait le même rêve. Quelque part en Savoie, au fin fond d'une vallée perdue, existait un édifice en pierres bistre, un polygone à vingt côtés, percé d'une porte monumentale et surmonté d'un clocheton en zinc, une architecture fin du XIXe siècle. À travers les quarante fenêtres qui perçaient le premier étage, je devinais de la lumière, des applos, de la musique, des voix. Malgré la nuit, je distinguais clairement la bâtisse mais, quand je marchais vers elle, je n'avançais pas. Impossible de m'en approcher. Encore moins d'y entrer. Était-ce un cirque ? Ou une boîte de nuit ? Je ne le savais pas.

J'étais persuadé que tous les personnages de ma vie m'y attendaient. Et qu'il me suffirait d'y pénétrer pour connaître mon destin.

L'idée de ce deuxième opus était donc de raconter mon Xanadu. Comme un long-métrage. Écrire un livre-film, un scénario de cinéma, avec un style direct, des dialogues, des didascalies, des archives, de l'illustration sonore… Mais j'avais 13 ans, je n'avais pas encore vécu ma vie, je n'entrerais pas de sitôt dans l'édifice rêvé.

Aujourd'hui, j'ai 76 ans et je suis à l'intérieur. Ce n'est ni un cirque ni une boîte de nuit, c'est un studio de télévision. Et j'écris *L'Homme en Noir.*

Barré, dans l'oreillette :

— Tout ça est très rassurant, Thierry ! Je vous laisse terminer. On déjeune à votre retour d'Italie. Et je vous le confirme, on sort bien en mai.

— Merci d'être passé. Surtout ce soir.

Mon deuxième livre a donc été *Cinémoi*, l'histoire d'un mec qui est allé trop jeune au cinéma et qui ne sait plus de quel côté de l'écran il est.

Un soir, sur la télé en noir et blanc de mes parents, la speakerine de l'ORTF avait présenté aux téléspectateurs les excuses de la chaîne : ils venaient de diffuser un film en inversant l'ordre des bobines ! Tout le monde était désolé. Moi, je ne m'étais aperçu de rien et, au contraire, j'avais trouvé le scénario génial. *Cinémoi*, c'est pareil.

Sur la bande rouge de la couverture du bouquin, je ferai écrire : « Ceci est un livre d'images. »

Après six mois d'Ios, de retour à Paris, faute de relations dans le milieu littéraire, j'envoyai le manuscrit de *Cinémoi* par la Poste. Une semaine après, Jean Cayrol au Seuil et Matthieu Galey chez Grasset me contactaient pour me dire qu'ils étaient d'accord pour publier le livre. J'ai choisi Cayrol. Mais Jean ne m'a pas obligé à retravailler mon texte, pourtant largement perfectible. Erreur. À part quelques adeptes de littérature psychédélique, des bouffeurs de LSD, *Cinémoi* n'a rempli ni les salles ni les bibliothèques.

Toujours au Seuil, trois ans plus tard, j'ai publié *La Bilbe*, une bible pop.

L'histoire commence une nuit où tous les Terriens font le même rêve : une femme leur annonce la venue d'un enfant ! Neuf mois plus tard, dans le ciel de l'Inde, au-dessus de ce qui deviendra le « Kilomètre zéro », apparaît un nourrisson géant qui flotte dans l'espace. Les médias le baptisent le Nessie. Il est inphotographiable et infilmable.

La Bilbe, c'est aussi une vision prémonitoire de la société des médias, la prolifération des Prophètoïdes, les évangélistes du Nessie, l'Enfant du Rêve, l'invention par les grandes puissances de la Vierge de Genève pour détourner les fanatiques de l'adoration du divin bébé, l'appel à un Super Dieu au-dessus de Dieu, et l'enquête dont je suis chargé par un milliardaire : 100 millions de dollars pour connaître le fin mot de l'histoire !

Résultat : même motif, même punition. Pas mieux que *Cinémoi*.

Il faudra attendre *Rive Droite*, en 1983, pour que la critique et les ventes se montrent plus favorables.

Le livre raconte l'histoire de Louis de Vallanges, un nobliau savoisien accroché à l'héroïne qui, pour se sortir du gouffre, remuscle sa volonté par le running, retrouve la foi à force de prières, quitte la Junky Society pour la Jet-Society, avant d'assassiner des héroïnomanes.

Rive Droite, c'est le livre du passage des années chaudes aux années froides, de l'héro à la coke, du Peace & Love au Fame & Fortune. Bref, l'ouverture des années 80, après la table rase du punk.

Sur la couverture, Vallanges est en smoking sur un prie-Dieu. L'image résume l'époque.

« De tous les vices, le pire est l'excès de vertu » (Sénèque) : j'avais inventé cette citation pour l'exergue du livre. Personne n'a rien vu.

La vengeance de Milla Jovovich

En 1986, mon premier best-seller, *Louis XX* !

Louis I
Louis II
Louis III
Louis IV
Louis V
Louis VI
Louis VII
Louis VIII
Louis IX
Louis X (dit le Hutin)
Louis XI
Louis XII
Louis XIII
Louis XIV
Louis XV
Louis XVI
Louis XVII
Louis XVIII…
et plus personne plus rien…
qu'est-ce que c'est que ces gens-là
qui ne sont pas foutus
de compter jusqu'à vingt ?

Prévert, « Les Belles Familles »

Tu t'es gouré, Jacques !

Après Louis XVIII et son frère, Charles X, il y a eu Louis XIX qui a régné quinze minutes, entre l'abdication de son père, Charles X, en sa faveur et son abdication à lui en faveur du duc de Bordeaux, futur comte de Chambord, son neveu. À la mort de celui-ci sans héritier, en 1883, l'aînesse passa aux Bourbons d'Espagne. Et donc, étant l'aîné des Capétiens, le plus proche parent de Louis XIV vivant sur terre, Louis de Bourbon, est le vingtième. Je l'ai baptisé Louis XX !

Dans *Louis XX*, préfacé par Alain Decaux, de Louis XVI au comte de Chambord, chaque chapitre raconte la vie de l'un des derniers Bourbons de la branche aînée et illustre un argument favorable au système monarchique. L'idée était de ne pas se contenter d'une approche historique de la monarchie, mais de s'y intéresser aussi sur le plan de la théorie politique, ce qui n'avait pas été fait depuis longtemps.

Résultats : cent mille exemplaires et Pivot !

Pendant l'écriture de *Louis XX*, j'avais remarqué que les cinq dauphins des derniers rois et empereurs de France avaient tous joué dans le même petit potager situé, à l'époque, devant le pavillon de Marsan, aux Tuileries.

De nos jours, combien de Français savent qu'entre le pavillon de Marsan et celui de Flore, le long du tunnel Lemonnier, s'élevait le palais des Tuileries qui fermait logiquement et harmonieusement le quadrilatère du Louvre ? L'édifice a été incendié en 1871 par les Communards et rasé par la République en 1883, après douze ans de tergiversations citoyennes ! Depuis, même si les banques sont prêtes à investir trois cents millions d'euros dans sa reconstruction, il n'est pas question pour la gauche de rebâtir « l'antre du tyran ». C'est idéologique.

Pour l'instant, une bouche d'égout marque l'emplacement du pavillon central du palais des Tuileries.

Louis XVII, Napoléon II, Louis-Philippe II, Henri V, Napoléon IV : dans ce palais qui n'existe plus, cinq fils de France furent élevés comme des demi-dieux. Mais aucun de ces dauphins maudits ne monta sur le trône.

Ce sont leurs destins brisés que j'ai racontés dans *Les Fantômes des Tuileries*.

En 1995, c'est le drame *Pondichéry*. Le succès ne reviendra qu'en 2006 et la publication de *Confessions d'un Babyboomer*, mon autobiographie, avec Philippe Kieffer. Encore cent mille ! Bingo !

Milla :

— Alors, cette fois, on est quitte ?

Baffie :

— Oui mais, Thierry, son père n'est jamais allé en prison !

Milla Jovovich brise sa flûte de champagne sur le sol et quitte le plateau. Comme la première fois. Mais sans sosie de Luc Besson pour la raccompagner.

Catherine, dans l'oreillette :

— Milla Jovovich fait plus que lorsqu'elle était venue ! Bravo !… Ça va ? Ne fais pas trop long avec les invités ! Tu sais qu'il faut rendre l'antenne à minuit !…

L'Homme en Noir

Au fait, on a des nouvelles de ta fan belge : elle avait un revolver dans son sac ! Mais elle jure que c'est pas elle qui a tiré ! Les flics ont envoyé l'arme au labo… Serge dit que c'est peut-être un terroriste. Après les profs, ils peuvent s'en prendre aux animateurs…

7

Le Kâma Sûtra de Rocard

— Et maintenant, j'accueille Michel Rocard !

Malgré son âge, Rocard descend l'escalier sans problème. La voile, ça conserve. Musique. Lumière. Applos.

— Monsieur le Premier ministre, bonsoir ! Merci d'être là ! Vous ne serez pas étonné que ma question liminaire porte sur la fameuse interview de vous dans cette émission… « Est-ce que sucer, c'est tromper ? ». Vous l'avez vécu comment ?

— Toute la première partie sur la politique était impeccable… C'est la seule fois où on m'a laissé le temps d'expliquer la CSG sur un plateau de télévision !

— 20 minutes sur 26 !

— PSU, RMI, CSG, tout y était passé. Vous aviez même mon pseudo quand j'écrivais sur la « deuxième gauche » dans *L'Observateur*, à la fin des années 60 !

— Georges Servet !

— Les trois dernières minutes ont fait polémique à ce qu'il paraît !

— C'était l'une de mes interviews formatées, l'interview « Alerte Rose » ! Magnéto, Serge !

Baffie :

— Le Kâma Sûtra de Rocard !

Sampler : *On ne bouge pas pendant le jingle !*

Magnéto archives. Michel Rocard dans « Tout le monde en parle ».

Moi :

— Personne n'a bougé, c'est parfait. Dès qu'il y a un Premier ministre, personne ne moufte, j'adore ! Interview « Alerte Rose », comme son nom l'indique : Quel est pour vous le lieu idéal pour faire l'amour ?

Rocard :

— Mon plumard !

— Le lieu où c'est impossible ?

— Le lieu où c'est impossible, je ne sais pas, en tout cas j'ajouterais volontiers la couchette d'un bon bateau. Ça berce…

— Est-ce que vous avez besoin de faire l'amour pour aimer ou d'aimer pour faire l'amour ?

— Aimer pour faire l'amour. Comme tout le monde. Je pense pas être anormal sur ce sujet.

— Vous préférez une femme qui baise bien mais qui est infidèle ou une femme qui baise mal mais qui est fidèle ?

— Jamais eu à me poser la question.

— Est-ce que vous préférez une femme qui couche avec un autre en pensant à vous, ou une femme qui couche avec vous mais en pensant à un autre ?

— Vous me mettez dans un univers que j'ai peu rencontré.

— C'est ça, dit-il en ayant été marié trois fois !

— Je crois que je suis plutôt fondé à espérer qu'elle pense à moi.

— Bien. Même si elle couche avec un autre, vous préférez ?

— Rohhh…

— Dans le couple, est-ce que vous pensez qu'il vaut mieux tout se dire ou ne rien savoir ?

— C'est le dosage de l'entre-deux qui fait les bons couples. J'ai raté assez de couples pour être expérimenté.

— C'est pour ça que je vous fais cette interview, vous êtes un spécialiste.

— Eh oh, là… Doucement !

— Est-ce que vous préférez être caressé par quelqu'un qui vous dégoûte ou être battu par quelqu'un qui vous aime ?

— Battu par quelqu'un qui m'aime !

— Attention ! Vous seriez pas un peu…, non ?

— Non !

— Est-ce que vous préféreriez que votre femme vous quitte pour un homme ou pour une femme ?

— À partir du moment où elle me quitte, libre à elle. Je suis démocrate.

— *Oui, c'est ça, la gauche.*
— *On a fait le pacs.*
— *Est-ce qu'embrasser, c'est tromper ?*
— *Oh, non ! Qu'est-ce que c'est que cette philosophie que vous nous trimballez là ?*
— *Je sais pas, je vous demande.*
— *Ça dépend du contexte et j'espère bien que non.*
— *Et sucer, c'est tromper ?*
— *Non plus.*
Fin magnéto.

Au tournage, personne n'a rien relevé, au montage, pas plus, au contrôle chaîne, pareil, et à la diffusion, encore moins. Ce n'est que quinze jours après que Daniel Schneidermann, encore au *Monde*, a fait son papier en écrivant que c'était « ignoble » de poser ce genre de questions à un ex-Premier ministre ! À partir de là, la meute a embrayé sur le même thème, et plus personne ne s'est souvenu de la réponse de Rocard... Ni de la suite du papier de Schneidermann : « Pour être juste, ce cynisme d'Ardisson, ce froid regard porté sur les animaux politiques, en fait aussi un des meilleurs interviewers de la télévision actuelle. » Avant de revenir positivement sur mon questionnement initial sur Mai 68, la « deuxième gauche » et le silence de Mendès France à Charléty...

J'ai toujours pratiqué le mélange des genres.

Rocard :

— Thierry, vous pourriez me donner les questions de votre interview « Alerte Rose » ?

— Pour la faire à Madame ?

— Non, à François Mitterrand !

Rires du public.

Michel Rocard s'estompe peu à peu et disparaît.

Baffie :

— Décidément, Rocard, Balladur, t'as l'art des embrouilles avec les ex-Premiers ministres, toi !

Previously.

Magnéto archives, Balladur dans « Tout le monde en parle ».

— Monsieur le Premier ministre, vous allez sans doute m'en vouloir… Vos attachés de presse m'ont dit : « Il ne faut surtout pas parler à Édouard Balladur de ses origines turques… Ça va l'énerver. » Pourtant, votre famille a quitté Smyrne, devenue Izmir, pour Marseille en 1935… Et puis, je ne comprends pas : on vous reproche souvent d'être hautain et distant et le fait d'être un travailleur immigré vous rapprocherait des gens, non ?

— De façon générale, je parle très peu de moi. D'ailleurs, j'ai pris un risque en venant chez vous.

— Vous ne le regrettez pas encore ?

— On va voir.

Bref, il n'a rien voulu lâcher sur ses origines…

Le lendemain matin :

— Bonjour, c'est Édouard Balladur ! Pourriez-vous passer à mon bureau ? Je vais vous prouver que je ne suis pas turc !

J'avais beau lui répéter qu'il n'y aurait rien eu de péjoratif à ce qu'il soit turc, rien à faire. Là, j'ai eu peur qu'il appelle Marc Tessier, le P-DG de France Télévisions, pour m'obliger à couper. En fait, on aurait pas coupé, on aurait fait comme d'habitude dans ce genre de circonstances : on aurait envoyé une cassette avec la coupe à la direction et une sans la coupe à la diffusion. Mais ça aurait fait des salades le dimanche matin… J'ai appelé Michèle Cotta, la DG de France 2, qui m'a dit qu'elle arrangeait ça avec son ami Édouard. Ce qu'elle a fait le soir même, lors du mariage de Claire Chazal et Xavier Couture.

Ce n'est que bien des années plus tard que j'ai appris la vérité : Édouard Balladur est d'origine arménienne. J'aurais dû le savoir. La gaffe. Mais pourquoi ne pas l'avouer ? Pensait-il que cela pouvait lui nuire pour devenir président ? « Édouard Balladurian », et alors ?

Sampler : *Je vous demande de vous arrêter !* / Édouard Balladur.

Catherine, dans l'oreillette :

— Ça marche pas… Les gens se foutent complètement de Rocard et de Balladur ! Si tu continues à n'en faire qu'à ta tête, on va vraiment se planter ! Tu l'auras cherché !... Pourquoi tu fais pas le programme prévu ? J'ai Gérard Darmon et Yvan Attal qui commencent à en avoir marre d'attendre en loge ! Ils disent que vous êtes amis...

— Pas de copinage. Quand on est trop pote avec eux, on ne peut plus leur poser les bonnes questions. J'ai reçu Julien Clerc dans la première émission de « Bains de Minuit », il m'a invité à aller dîner chez lui la semaine suivante, j'ai refusé. On a dîné trente ans plus tard... Et encore, parce qu'il avait épousé l'une de mes ex-assistantes...

— Je dis quoi à Darmon et Attal ? Ils veulent partir !

— Que je suis à la bourre !

— Ils le savent !

— Donnez-leur encore à boire !

— Attal veut te parler... Je te le passe...

— Comment ça va, Thierry ?

— La nuit est à moi !

— Ça, je vois bien, oui.

— Excuse-moi de te faire attendre. C'est un peu bousculé, ce soir... Alors, tu en es où avec Charlotte ? Ce mariage, c'est vraiment mort ?

— Tu m'emmerdes.

— Le problème de votre couple, c'est qu'elle habite New York et toi Paris, non ?

— Tu me lâcheras un jour avec ça ?

— Ce soir.

8

Les Beatles n'ont jamais existé

— On en est où avec Lennon ?

Catherine, dans l'oreillette :

— Il ne veut pas venir. Oublie.

— Mais je veux John Lennon ! C'est un ordre ! Les Beatles, c'est la grande affaire de ma vie !

— Je sais, mon petit Thierry… J'aimerais vraiment que tu l'aies pour la dernière…

— Quelle dernière ?

Je fais signe à Méline pour du champagne.

Previously.

Le 2 juin 1967, j'ai raté l'examen de ma deuxième année d'anglais à la fac de lettres Paul-Valéry de Montpellier parce que *Sergent Pepper* était arrivé la veille chez le marchand de disques de la place de l'Œuf. Nuit blanche.

Voyage à Londres l'année suivante pour découvrir sur la BBC la première diffusion de *Magical Mystery Tour*, le nouveau film des Beatles.

Montpellier-Londres, direct, sans passer par Paris. Le centre du monde, c'était le Swinging London !

Sampler : *Dedicated Follower Of Fashion* / The Kinks.

À Londres, je ne pouvais me payer qu'une chambre minuscule, avec un chauffage qui marchait quand on mettait des pennies dans un compteur. Pareil pour la télé. Je rentrais le soir, après mes balades à Carnaby Street ou à Portobello, les bras chargés de fruits exotiques encore inconnus de moi, caramboles, goyaves, corossols, litchis, mangoustans, papayes, arrivés de tous les pays du Commonwealth. Des goûts nouveaux venus d'ailleurs, à une époque où Londres était encore noire de suie et les pubs sans terrasse. Mais l'événement se situait ailleurs, au Marquee, exactement. La boîte où il fallait être, celle où l'on croisait les Beatles, les Stones, Twiggy, les Who, les Faces, Jean Shrimpton, Hendrix, Mary Quant, les Kinks, Marianne Faithfull... L'Olympe de la brit-pop ! Comme au Studio 54 à New York dix ans plus tard, j'y suis rentré du premier coup.

Et un soir, au Marquee, j'ai eu l'honneur de pisser à côté de John Lennon.

Sampler : *Heroes* / David Bowie.

J'étais fan. Quand les Beatles prenaient de la drogue, je faisais pareil. Quand ils se mariaient, quand ils portaient la moustache, quand ils divorçaient, quand ils partaient en Inde, pareil.

Quand Yoko Ono les séparait, je la maudissais.

Quand Lennon était assassiné par Mark Chapman, je mourais.

Je suis tellement fan des Beatles que j'ai écrit un film uchronique où les Fab Four n'auraient jamais existé. Plaisir masochiste.

Le film aurait pu s'appeler *Liverpool* ou mieux *Tomorrow Never Knows*.

Pitch : Et si John, Paul, George et Ringo n'étaient jamais devenus les Beatles ?

Dans la réalité. En 1962, un mois après le refus de toutes les maisons de disques londoniennes, Columbia, Pye, Philips, Oriole, même Decca a préféré signer les Tremoloes avec leur lénifiant « *Silence Is Golden* », Brian Epstein, le manager des Beatles, refait le voyage Liverpool-Londres pour retranscrire chez HMV à Oxford Street des bandes magnéto sur un support vinyle. Là, un technicien lui conseille d'aller les faire écouter à George Martin qui s'occupe des albums classiques et ethniques chez EMI-Parlophone. Martin aime et, avec les garçons, le courant passe dès le premier rendez-vous. Il va devenir le cinquième Beatles. Seul problème, il ne veut pas de Pete Best, le batteur.

Les Beatles acceptent.

Certes, Pete Best a l'avantage de posséder sa propre batterie, sa mère, Mona, est la propriétaire de la Casbah où les Beatles ont fait leurs premiers concerts avant la Cavern, elle paie le van pour les tournées et elle tient la compta du groupe, mais le batteur aux yeux verts pique la vedette à John. Ils sont amis, c'est par lui que Pete est arrivé dans la bande, mais John est jaloux. Et puis, *last but not least*, Pete refuse la coupe Beatles, inventée par Astrid Kirchherr à Hambourg, il a gardé la banane. Il tient tête.

Ringo Starr remplace donc Pete Best. « L'Homme le plus malchanceux du monde » tentera de se suicider, puis il en prendra son parti et passera sa vie à l'aide sociale de Liverpool comme jardinier municipal. Mais, il me l'a avoué dans « Lunettes Noires », il est toujours persuadé d'être meilleur batteur que Ringo…

Les Beatles deviennent donc des stars mondiales.

Ça, c'est ce qui s'est réellement passé.

Dans *Liverpool*, mon film, quelques jours avant que Brian Epstein ne retourne à Londres, les Beatles sont attablés devant une bière dans leur pub favori, The Gilded Grapes. Ils sont dégoûtés par les réactions des maisons de disques. Ils se repassent en boucle la sentence du boss de Decca : « Rentrez à Liverpool, Monsieur Epstein, les groupes de guitares, c'est fini ! » C'est là que John prend la parole pour expliquer qu'il en a marre : « Si c'est pour chanter des merdes comme "*Love Me Do*", ça m'intéresse pas ! J'en peux plus du harcèlement sexuel de Brian Epstein ! Et puis, Cynthia veut se marier, des gosses... »

C'est définitif.

Split ! Les Beatles se séparent. Brian Epstein n'ira pas chez HMV à Oxford Street. Ils ne rencontreront jamais George Martin.

Et là, coup de théâtre ! Brian Epstein décide de s'occuper de la carrière de Pete Best qui deviendra rapidement le nouveau Tom Jones, crooner star de Vegas et bientôt idole du monde entier ! Son premier album, *I'm The Best*, des reprises de standards, se vendra à trois millions d'exemplaires ! Pareil pour le suivant, *Green Eyes*.

Après la séparation, John est allé bosser sur les docks de Liverpool. Mais même s'il n'est pas devenu une star, il n'a pas renoncé à changer le monde. C'est un syndicaliste radical. Un *working class hero*. Il a repris le blouson en cuir noir et le look banane. Il vit toujours avec Cynthia et leur fils unique, Julian. Sa seule incartade connue est sa passion pour une barmaid japonaise, Yoko, dont le mari jaloux, un certain Chapman, lui a tiré plusieurs balles dans le dos à l'entrée d'un pub mal famé, le Dakota. Mais c'est du passé.

Paul, lui, est allé vivre à Paris une histoire d'amour très fleur bleue avec une certaine Michelle. Il a été absent de Liverpool pendant presque deux ans, d'où les rumeurs sur sa mort, « *Paul is dead* », le fameux mythe urbain. Quand Michelle est partie à Formentera avec le batteur des Tremoloes, Paul a fait une tentative de suicide. Mais, ça non plus, ça n'a pas marché. C'est là qu'il est rentré à Liverpool, pour rejoindre son père dans le textile. Puis, il a créé Stella, une chaîne de magasins de prêt-à-porter féminin dans l'esprit Mary Quant. Aujourd'hui, c'est un petit homme rondelet qui gagne beaucoup d'argent et fait de la musique le dimanche après-midi sur Penny Lane dans la fanfare de Liverpool.

Après un mauvais trip d'acide avec une dénommée Lucy en Inde, à Bénarès, George n'est jamais vraiment redescendu. Il est resté perché. Il a passé sa vie chez sa mère, dans un état végétatif, comme l'ex-leader de Pink Floyd, Syd Barrett, à regarder la mer. *The fool on the hill.* Lui qui a toujours voulu s'échapper du monde, c'est réussi.

Ringo conduit le bus Liverpool-Blackpool-Liverpool avec joie et bonne humeur. « *Welcome to the Mystery Tour !* » Sa femme, Maureen, gère le pub qu'ils ont pris en gérance au bord de la Mersey, le Yellow Submarine. Ringo, qui rêvait de séduire une James Bond Girl, n'a jamais épousé Barbara Bach… Il drague les serveuses sous les quolibets de sa femme.

Quant à Pete Best, il se produit en ce moment sur toutes les grandes scènes du monde. Et la prochaine date, pour le jubilé de ses soixante ans de carrière, c'est Liverpool, sa ville natale ! Pourquoi ne pas en profiter pour revoir ses vieux ennemis, les Beatles ?

— Lennon vient, Catherine ?

— On croise les doigts ! Au fait, on a aperçu Alexis dans les studios.

Previously.

Alexis Fernandez, 30 ans, beau brun bodybuildé, originaire de Toulon. Je l'avais rencontré dans le TGV en rentrant de Bormes-les-Mimosas, où vivaient mes parents. Il avait passé la moitié du voyage à m'expliquer qu'il voulait être animateur de télé. En fait, son rêve était d'être milliardaire. Mais il acceptait de commencer petit. Il m'avait eu à l'usure. En arrivant gare de Lyon, je l'avais engagé comme chauffeur de salle. Les premiers temps, ça allait, le métier rentrait. Mais très vite, Alexis avait transformé l'exercice en stand-up. Plutôt que d'apprendre au public à réagir à ses injonctions d'applos, de rires et de mécontentements, il testait sur mon plateau les vannes qu'il comptait faire dans son hypothétique spectacle au Point Virgule. Il ne manquait pas de m'emprunter des punchlines ou de copier mes gimmicks. Il utilisait mon sampler. Il se prenait pour moi. Et il s'était rapidement persuadé que, s'il n'était pas à ma place, cela n'était dû qu'à un malencontreux concours de circonstances. Pour accélérer sa marche vers un inéluctable succès, il n'avait pas tardé à mettre le nez dans la coke. Et à en distribuer aux invités dans les loges. Ces gens-là n'étaient-ils pas désormais ses amis ?

Bref, il a fallu que je le vire. Ça n'a pas été simple. J'ai reçu des menaces de mort pendant au moins trois mois.

Puis, plus rien.

On le disait influenceur à Dubaï.

— Alexis serait rentré en France ?

— Apparemment.

9

Diana, Charles et les hommes

Baffie :

— Lady Di, tu ne l'as jamais interviewée ?

— Non, et je le regrette. J'ai toujours su que le métier de princesse n'était pas une sinécure et j'ai longtemps pensé que Lady Di s'était comportée en enfant gâtée qui n'attendait de son rôle que les droits qu'il offre, en ignorant les devoirs exigés...

— En bon monarchiste, tu croyais la version de la reine !

— Et puis, j'ai compris que Diana aimait Charles comme aiment les ados, mais que lui, mariage ou pas, avait choisi de poursuivre son idylle avec sa maîtresse, Camilla...

— Il avait juste besoin d'une figurante pour jouer la princesse de Galles et lui faire des enfants !

— Diana a été sacrifiée.

— Jusqu'au tunnel de l'Alma ? Allez, vas-y, fais-toi plaisir, c'est open bar, ce soir, Thierry !

— Et maintenant, j'accueille Lady Di !

Musique, lumière, applos. Diana apparaît en haut du grand escalier. Coupe de cheveux iconique. Robe plissée Alaïa, noire, moulante et courte, découvrant les épaules, trois rangées de perles autour du cou, boucles d'oreilles assorties, elle descend le grand escalier en top model. Le public lui fait un triomphe.

— Votre Altesse Royale, bonsoir !

— *Just call me Diana!*

— Et pas *Princess Diana* ?

— Non. Je ne suis pas de sang royal... Vous êtes Stéphane Bern ?

— Non, Stéphane Bern n'aurait jamais commis cette erreur, je suis Thierry Ardisson.

— Vous savez que vous avez une drôle de réputation ?

— Ne vous inquiétez pas ! Nous allons parler d'amour !

— Le manque d'amour est la plus grande maladie dont souffre le monde aujourd'hui !

Baffie :

— Avec des phrases comme ça, on finit Miss France...

— Ou « princesse du peuple » ! Je crois que les gens ont compris mon message : « Ne fais que ce que te dicte ton cœur ! »

— Lady Di, vous vivez vos premières années dans la propriété familiale, en petite fille riche, mais en 1967, vous n'avez alors que 6 ans, votre monde vole en éclats ! Vos parents divorcent...

— Un soir, mon père s'en est pris à ma mère. Il lui a mis une claque. J'ai tout entendu derrière la porte. Elle a éclaté en sanglots comme elle le faisait souvent.

— Elle part vivre avec son amant ! Votre père ne vous donne aucune explication…

Sampler : *Last Train To London* / Electric Light Orchestra.

— Elle non plus n'a rien dit ! Je n'oublierai jamais le crissement des pneus de sa voiture sur le gravier de la grande allée, le jour de son départ !

— Personne ne vous dit où est votre mère. Vous passez des jours entiers à l'attendre sur le seuil de la maison…

— Ma seule famille, c'étaient mes peluches ! J'en avais une vingtaine, je dormais avec elles, je n'avais plus de place dans le lit… Elles avaient toutes une étiquette « D. Spencer » !

— Votre mère se remarie avec son amant. Et votre père épouse la fille de Barbara Cartland, l'auteur de 723 romans d'amour, deux milliards d'exemplaires ! L'ambiance était propice au conte de fées et au prince charmant…

— À 13 ans, j'ai dit à mon père que j'aurais un destin hors du commun, que je ferais un grand mariage.

— À l'adolescence, vous êtes la seule parmi vos amies à ne pas avoir de *boyfriend* !

— Je voulais être sûre d'être amoureuse pour ne jamais avoir à divorcer comme mes parents. Je savais qu'il fallait que je me préserve, car quelque chose d'important allait arriver, quelque chose qui me dépasserait…

— Quelle a été votre première réaction quand vous avez fait la connaissance de Charles, que votre sœur avait invité dans votre domaine d'Althorp ?

— Je me suis dit : « Ce garçon est affreusement sinistre. » Il avait son chien avec lui. Ma sœur n'arrêtait pas de le poursuivre, lui et son labrador. J'ai pensé qu'il devait trouver ça pénible.

— Charles, c'était le *Bachelor* !

— Il se donnait beaucoup de mal pour être un prince charmant. J'étais stupéfaite qu'il puisse s'intéresser à moi. Je n'avais que 16 ans à l'époque. Pendant deux ans, on s'est vus de temps en temps.

— Et un jour, il vous invite à Buckingham Palace pour ses 30 ans… À l'époque, vous ne savez pas que la famille royale refuse qu'il épouse Camilla, divorcée avec deux enfants. La reine oblige Charles à trouver une aristocrate vierge et anglicane… En espérant qu'il l'aimera.

Baffie :

— Ou non.

— Je n'en savais rien. Je n'avais aucune idée de ce à quoi je m'engageais.

— Deux mois plus tard, la reine organise une chasse à courre à Sandringham, dans sa propriété proche de celle de votre famille. Votre nouvelle rencontre avec Charles était donc parfaitement programmée… Tous les deux, vous passez la soirée à discuter et à plaisanter. La rumeur d'une idylle se répand. Avec l'aide des attachés de presse de Buckingham. Les tabloïds s'intéressent à vous. Ils ne vous lâcheront plus. Jamais… Comment le prince Charles s'est-il déclaré ?

— Il était très entreprenant. Il manquait de réserve… J'étais un peu gênée parce qu'il était trop démonstratif. Je ne savais pas comment me comporter avec lui… Ce soir-là, il m'a dit très sérieusement qu'il voulait que nous rentrions ensemble à Londres dès le lendemain. Il voulait que j'aille travailler avec lui à Buckingham. J'ai trouvé qu'il allait un peu vite. J'ai refusé.

— Ça ne l'a pas découragé ?

— Non, à partir de là, il m'appelait tout le temps pour qu'on aille se promener ou pour m'inviter à un barbecue.

— Et la demande en mariage ?

— Charles m'a invitée à Windsor… À peine étais-je arrivée qu'il m'a demandé de l'épouser ! Au début, j'ai cru qu'il plaisantait, j'ai souri nerveusement, et puis j'ai accepté. Là, il a lancé : « Vous réalisez qu'un jour vous serez reine ? »

— Vous en pensiez quoi ?

— Une petite voix intérieure me disait que je ne serais jamais reine. Je savais simplement que cette vie de princesse de Galles n'allait pas être facile. Je lui ai dit : « Je t'aime ! »

— Vous a-t-il répondu la même chose ?

— Non. Il a juste lâché : « Le sens du mot aimer n'a pas d'importance. » Il donnait des signes d'affection qui, au fond, n'avaient rien de sincère.

— Et le 24 février 1981, à 11 heures, Buckingham annonce vos fiançailles !

— Quand j'ai quitté mon appartement de South Kensington pour la dernière fois, le 23 février 1981, le policier qui m'a escortée jusqu'à Clarence House m'a dit : « Profitez vraiment de cette dernière nuit, vous ne serez plus jamais tranquille ! »

— Charles vous attendait à Clarence House ?

— Non. Il n'y avait personne pour m'accueillir... J'ai juste trouvé une lettre de Camilla sur mon lit ! Elle suggérait de profiter de l'absence de Charles, qui devait partir quelques jours plus tard en Australie et en Nouvelle-Zélande, pour nous rencontrer... Elle disait qu'elle voulait voir la bague !

— À 15 heures, le lendemain, Charles et vous apparaissez ensemble en public pour la première fois ! Lors de l'interview télé, quand le journaliste vous demande si vous êtes amoureux, vous répondez : « Bien sûr ! » et lui : « Peu importe ce que signifie amoureux. » Il répétait cette phrase lourde de sens qu'il avait prononcée en privé.

— Il y a eu un malaise… C'est juste après que j'ai découvert, sur le bureau de son secrétaire, le bracelet gravé *Girl Friday* qu'il avait fait faire pour Camilla. *Friday*, c'était le surnom qu'il lui donnait…

— À cause de *Robinson Crusoé* ?

— Oui, absolument. L'autre sur qui on peut compter… Cette histoire du bracelet m'a anéantie…

— Dans ces conditions, pourquoi vous être mariée ?

— Il était trop tard pour reculer. J'étais un agneau que l'on menait à l'abattoir. J'étais poussée dans le feu.

— C'est là que la boulimie a commencé ?

— Une semaine après mes fiançailles, le jour où il m'a dit qu'il me trouvait un peu enrobée, je me suis fait vomir pour la première fois… J'ai eu une autre crise de boulimie la veille du mariage. J'étais malade comme un chien. Je me suis réveillée à 5 heures. Ensuite, en remontant l'allée de la cathédrale Saint-Paul, j'ai croisé le regard de Camilla sous sa voilette, avec son affreux chapeau sur la tête : j'ai compris que nous étions trois dans ce mariage… Ce fut la pire journée de ma vie. Et pourtant, j'étais si amoureuse de mon mari que je ne pouvais le quitter des yeux !

— Durant votre lune de miel, Charles portait vraiment des cadeaux de Camilla ?

— Oui. Des boutons de manchettes. Deux « C » enlacés, pour Charles et Camilla. Il a finalement reconnu qu'elle les lui avait offerts. Un jour, deux photos de Camilla sont tombées de son agenda… La boulimie s'est aggravée. Sur le *Britannia*, pendant la lune de miel, je mangeais et je me faisais vomir quatre fois par jour.

— Vous finissez votre *honeymoon* à Balmoral, en Écosse, la résidence d'été des *royals*.

— Je n'arrivais pas à me sortir Camilla de la tête. Toutes les nuits, elle était dans mes cauchemars. Il faut dire que Charles l'appelait toutes les cinq minutes pour lui demander comment gérer son mariage ! On est restés là d'août à octobre. Il pleuvait tout le temps. À la fin je voulais me tailler les veines !

— Vous allez vous faire soigner à Londres…

— Je ne pouvais ni m'alimenter ni me reposer. Les médecins m'ont donné des anxiolytiques à hautes doses.

— En octobre 1981, vous êtes enceinte et vous devez accompagner Charles pour une visite officielle au pays de Galles. C'est la première…

— Je n'arrêtais pas de sangloter dans la voiture. Je ne voulais pas affronter le regard de la population. Charles m'a intimé l'ordre de sortir et de sourire. J'ai joué mon rôle. J'ai même fait l'effort de prononcer quelques mots en gallois, mais il ne m'a jamais félicitée. Sans doute trouvait-il que je lui volais la vedette. Les gens m'aimaient bien.

— Vous avez réellement tenté de vous suicider ?

— Quatre fois. Un jour, quand j'étais enceinte, je me suis jetée dans les escaliers !

— Enceinte ?

— Oui.

— La naissance de William et Harry n'a pas arrangé les choses ?

— Juste avant Harry, nous avons été très proches pendant quelques semaines. Et après, ça a recommencé. Il était très déçu de ne pas avoir de fille... À ce moment-là, je savais qu'il était retourné vers Camilla. Et dire que tout le monde mettait l'échec de notre mariage sur le compte de ma boulimie ! Chez les Windsor, on me présentait comme la coupable.

— Le pire moment ?

— Peut-être quand je me suis lacéré la poitrine et les cuisses avec un canif...

— Et les autres ?

— Assez. N'insistez pas.

— Vous vous êtes tailladé les poignets avec un épluche-citron...

— Oui. *What's next?*

— Et puis, un jour, vous décidez d'aller dire ses quatre vérités à Camilla.

— C'était pour l'anniversaire de sa sœur. Personne ne s'attendait à ce que je sois présente à cette fête. À commencer par Charles qui voulait absolument savoir pourquoi j'y allais. Arrivée là-bas, je me suis enfermée avec Camilla et je lui ai dit que j'étais au courant de tout, que je voulais mon mari pour moi seule !

— Et elle ?

— Elle a commencé par nier, puis elle m'a flattée, elle a fini par dire : « Bien. »

— Résultat ?

— Je savais à quoi m'en tenir… Charles avait quand même dit à Camilla qu'il rêvait de « vivre à l'intérieur de sa petite culotte, d'être son Tampax »…

Sampler : *God save the Queen* / Sex Pistols.

— Là, vous trouvez une raison de vivre et une utilité sociale dans l'humanitaire. Le 16 avril 1987, vous vous rendez au London Middlesex Hospital, le premier centre de soins consacré au sida en Angleterre. C'est ce jour-là que, sans gants, vous avez serré la main d'un malade ! Un membre de la famille royale faisant un *shake-hand* avec un sidéen ! L'image a fait le tour du monde ! Elton John et Freddie Mercury vous ont souvent remerciée pour ça.

Sampler : *You're My Best Friend* / Queen.

Freddie Mercury, le leader de Queen, grosses moustaches et marcel blanc, apparaît sur les écrans géants incrustés dans le décor du plateau.

— *Hi, Freddie!*

— *Hello, Princess!*

— *Good evening, Queenie!*

— Diana, un an après le London Middlesex Hospital, un soir où vous vous morfondez à Kensington, Freddie vous appelle, il vous invite à aller prendre un Bellini chez l'animateur de radio Kenny Everett…

— Comment savez-vous ça, Thierry ?

Mercury :

— Kenny, c'est lui qui avait passé quatorze fois en deux jours « *Bohemian Rhapsody* », quand toutes les maisons de disques d'Angleterre l'avaient refusé !

— Tu lui avais pourtant dit : « Surtout, ne le diffuse pas ! Il paraît que ça ne marchera jamais ! »

— Ce soir-là, Diana, vous ne voulez pas sortir à cause des paparazzi mais, finalement, vous y allez… L'idée était de boire un verre au Royal Vauxhall Tavern, un club gay très connu. Et là, vous vous déguisez en garçon !

— J'avais une veste militaire et une casquette Gavroche que Kenny m'avait prêtées, plus des Ray-Ban…

— Nous étions terrorisés à l'idée que les gens reconnaissent Diana ! Arrivés là-bas, tout le monde me dévisageait, et elle en a profité pour se faufiler jusqu'au bar…

— Au milieu des barbes et des cuirs ! J'ai commandé du vin blanc…

— Incognito ?

— J'avais disparu. Diana n'existait plus. J'ai adoré ça. On devait y retourner…

Mercury :

— Faut que je file au studio !

— Tu n'as jamais le temps !

— *Ciao, bello !*

— On s'appelle, *darling* !

Freddy Mercury disparaît brutalement des écrans géants.

— Là, vous décidez de vous venger, vous voulez que Charles soit jaloux de vos amants ! Vous avez des *love affairs* avec Barry Mannakee, James Gilbey, James Hewitt, Will Carling, Oliver Hoare, Hasnat Khan, Dodi Al-Fayed…

— Je plaisais aux hommes…

— Bien sûr, Charles savait…

— Oui.

— James Hewitt est-il le père de Harry ?

— Je ne sais pas…

— Vous n'avez jamais regretté de ne pas être restée sagement mariée, quitte à ce que votre mari ait une maîtresse et vous des amants ?

— Je suis morte avant de le regretter… Dites-moi, Thierry, est-ce que Charles a épousé Camilla ?

— Oui, et elle est reine.

Un ange passe.

Je pense à Dalida dans « Hôtel du Temps » après que je lui ai appris que François Mitterrand n'était pas présent à ses obsèques.

— Le 31 août 1997, votre Mercedes s'encastre dans le treizième pilier du tunnel de l'Alma. D'après Mohamed Al-Fayed, le propriétaire de Harrods et du

Ritz, le père de Dodi, votre dernier amant, c'est le prince Philip d'Édimbourg, le mari de la reine, qui a organisé l'accident. Il ne pouvait pas admettre que vous accouchiez d'un enfant musulman…

— Je n'étais pas enceinte.

Sampler : *Killer Queen* / Queen.

— Merci, Diana, d'avoir été avec nous ce soir.

— J'ai été heureuse de vous rencontrer et de revoir Freddie.

Le public est en transe. Standing ovation. La princesse des cœurs a encore frappé.

Soudain, malgré les vigiles, une douzaine de paparazzi dévalent le grand escalier au pas de course en flashant Diana.

Samplers : *coup de frein, choc d'une berline, sirènes d'ambulance.*

Lady Di me lance un dernier regard, horrifié, s'estompe peu à peu et disparaît complètement dans un nuage de lumière blanche.

Catherine, dans l'oreillette :

— Un peu long, mais l'audience monte ! Je t'envoie Jean d'Ormesson et Jamel ! On les tient plus !

10

La gifle de Macron à Angot

Soudain, sans être annoncée, sans emprunter l'escalier, sans effet lumière, ni musique, ni applaudissement, Christine Angot débarque sur le plateau.

Catherine, dans l'oreillette :

— Elle est arrivée par l'arrière du studio. Personne ne l'a vue entrer.

Sampler : *Wonder Woman* / Générique.

Christine Angot, avec beaucoup d'écho dans la voix :

— Thierry Ardisson, voici venu le temps du repentir !

Baffie :

— *Shitstorm 2, le Retour !*

Début 2024, le président de la République m'a proposé de me donner la Légion d'honneur. Même si je suis beaucoup plus Westminster que Maurras, la Légion à un monarchiste, quelle drôle d'idée ! Et puis, je me suis dit que la chose avait été inventée par un empereur. Et j'ai accepté. Jusque-là, j'affirmais que je n'en voulais pas, prétextant qu'à partir du moment où Sheila l'avait, la décoration n'avait plus aucun sens. Ironie du sort, Sheila ne l'avait pas encore et elle l'a reçue le même soir que moi !

Baffie :

— C'est une connerie d'accepter la Légion d'honneur ! À partir du moment où tu dis oui, tu acceptes d'être jugé selon les codes de la morale bourgeoise !

— Et ça n'a pas traîné !

« La gifle », c'était le titre de la tribune d'Angot contre moi dans *Libération*. En me décorant, Macron lui donnait une gifle ! À elle et à toutes les femmes du monde, bien sûr, tant qu'on y était !

En cause, ses deux passages dans l'émission « Tout le monde en parle », en 1999 et en 2000.

Previously.

La première fois que Christine Angot est invitée, on constate vite qu'elle est incapable d'aligner deux phrases cohérentes à propos de son livre, *L'Inceste*. Le bégaiement à la Sagan, elle croit que ça fait artiste. Je me donne beaucoup de mal pour l'aider à s'exprimer. Je fais montre d'une patience rare. Les autres invités, Clémentine Célarié, David Hallyday et Dieudonné sont bienveillants aussi. Mais son côté lunaire agace : « Faut-il écrire ? », « Et si oui, faut-il venir en parler à la télévision ? » Un sketch des Inconnus ! Comme Angot est incapable d'être claire, je finis par expliquer que, dans son livre, elle raconte que son père posait une clémentine sur son sexe avant une fellation. Elle était venue pour qu'on dise ça, mais elle ne voulait pas le faire, elle ! Le public glousse. Clémentine laisse échapper un rire de protection. Si ça avait été une mandarine, rien ne serait peut-être arrivé ? Ça y est, Angot tient la grande cause qui va sauver ses ventes ! Son habituel scandale promotionnel ! On n'a pas de cœur. On se moque de sa souffrance. On est des monstres. Elle fait son numéro comme face à Jean-Marie Laclavetine chez Bernard Pivot. Elle quitte le plateau. Son livre s'écoulera, c'est le mot, à cinquante mille exemplaires. La reine du buzz !

Baffie :

— Pour la Légion, elle t'a refait le coup !

— Pareil ! Elle avait un film, *En famille*, dans deux salles à Paris, un doc où elle gratte encore une fois les croûtes de son trauma. Ça ne marchait pas. La Légion d'honneur d'Ardisson tombait à pic. Elle a ressorti dans *Libération* cette histoire datant de vingt-cinq ans. Elle m'a utilisé pour faire sa promo.

— Et là… c'est le drame ! La presse t'a défoncé !

— Tous ! *Le Figaro*, *Le Monde*, *Télérama*, *Elle*, *Le Point*, *Le Nouvel Obs*, l'AFP et donc tous les journaux de province, plus France Inter (où Angot avait été traitée de « pute » dans « Le Masque et la Plume », mais c'était oublié), France Info, BFM, tous ont sorti le même papier à charge, où je me retrouvais entre Bigard et Sébastien, le même, copié-collé ! Oubliés, ou sans doute jamais vus, les artistes d'avant-garde Nam June Paik ou Leigh Bowery dans « Bains de Minuit », les politiques Mikhaïl Gorbatchev, Boutros Boutros-Ghali ou Leïla Shahid et les écrivains Bret Easton Ellis ou Tom Wolfe dans « Tout le monde en parle », Benny Lévy ou Claude Lanzmann dans « Rive Droite/Rive Gauche »... Je sais que les « journalistes » sont mal payés mais, là, ils en ont fait encore moins que ce qu'on leur donne ! Évidemment, aucun ne m'a appelé. Pourquoi écouter la partie adverse ? Pourquoi prendre le risque d'avoir à nuancer la sentence ? Homme blanc, hétéro, de plus de 50 ans, il fallait me canceller mais, n'ayant rien trouvé façon Depardieu, PPDA, Hulot, Cauet ou Plaza, et pour cause, la meute est allée chercher les interviews que je faisais, au début des années 2000, aux starlettes. Et aux Premiers ministres.

La lapidation sera générale.

Catherine, dans l'oreillette :

— Continue là-dessus, les gens adorent les victimes célèbres !

— Je suis la victime expiatoire d'une époque où l'on avait la liberté de dire ce qu'on voulait.

— Elles sont toutes là, mon pauvre Thierry ! Elles sont entrées en douce ! On n'a rien pu faire !

Judith Godrèche, Anna Mouglalis, Ludivine Sagnier, Lio, Sara Forestier, Emmanuelle Béart, Alexandra Lamy, Vahina Giocante, Marie Gillain : toutes les signataires de la pétition qui accompagnait la tribune d'Angot dans *Libé* ont silencieusement envahi mon plateau.

— Bonsoir ! Vous vous plaignez de quoi, au juste ?

Elles, à l'unisson :

— Tu nous as offensées, boomer.

— Ce n'est pas parce que l'on est offensé que l'on a raison.

— Dans tes interviews, tu nous sexualisais.

— L'interview « Alerte Rose » n'était pas destinée qu'aux femmes, regardez Rocard ! Et puis, vous connaissiez l'émission, vous veniez, personne ne vous y obligeait et, si vous aviez été mal reçues, pourquoi reveniez-vous, certaines plusieurs fois ? Christine, si tu avais tellement souffert en 1999, pourquoi es-tu revenue en 2000 ? Aucun « journaliste » n'a pensé à te poser la question ? C'est ballot ! On n'était pas dans l'emprise amoureuse que je sache, mais dans la promotion des ventes.

Baffie :

— Pour la promo, tu faisais le boulot !

— Je voyais les films, j'écoutais les disques, je lisais les livres, et je commençais systématiquement par le « pitch », histoire que chaque téléspectateur, quel que soit son niveau culturel, sache bien de quoi on parlait. Éviter l'insupportable connivence animateur-invité sur le mode « Nous, on sait ». Si j'aimais, je le disais, sinon, je ne disais rien. Je n'avais pas le cœur à détruire trois ans de boulot par une vanne.

— T'en as fait chier plus d'un avec ton « C'est quoi, le pitch ? »

— J'ai importé le mot en France dans « Rive Droite/ Rive Gauche ». Je m'en suis beaucoup servi. Je les obligeais à être clairs. C'était leur intérêt et celui des gens qui regardaient. Il m'est arrivé de recommencer des interviews au bout de quelques minutes parce qu'on y comprenait rien.

— Après la promo, y avait tes interviews formatées : « Alerte Rose », « Première Fois », « Par amour »…

— « L'Ardiview », « L'Interview Mensonge », « Les Questions Cons »… Pour briser le discours promotionnel préprogrammé, celui que mes invités répétaient dans tous les médias.

— Quand la tribune d'Angot est sortie dans *Libé*, tu avais décidé de ne pas répondre…

— Mais c'est elles qui sont revenues ce soir ! J'aurais préféré revoir Simone Veil, Michel Houellebecq, Bruce Willis, Annie Girardot, David Bowie, Jean d'Ormesson, Robert De Niro, Jeanne Moreau, Jane Fonda, Francis Bacon…

Catherine, dans l'oreillette :

— Ça serait bien pour toi si tu avais quelqu'un pour te défendre ! Penses-y ! Vite !

Un hélicoptère se pose aussitôt sur le parking devant le studio.

— Et maintenant, j'accueille Monsieur le Président de la République, Emmanuel Macron !

Sampler : *Aux armes et cætera* / Serge Gainsbourg.

Même lumière, même musique, mêmes applaudissements que les invités des samedis habituels, costume bleu, yeux assortis, le Président descend allègrement l'escalier qui mène au plateau.

Macron, à peine assis, très allocution officielle :

— Attention ! Comme je l'ai dit dans la presse, je ne veux pas qu'on mette tout le monde dans le même sac ! Il faut faire la différence entre ceux qui ont des comportements de domination et d'emprise et ceux qui ont pu avoir des paroles provocantes et choquantes. Je ne confonds pas Thierry Ardisson avec ceux qui ont commis des actes tombant sous le coup de la loi.

Angot :

— Dans un système où la respectabilité est indexée sur la richesse, la force, le pouvoir, ceux qui les détiennent ne peuvent que recevoir admiration, sourire, médaille, Légion d'honneur. Le duo de l'époque, c'était Ardisson-Baffie, là, le duo, c'est Ardisson-Macron ! Je ne veux vous voir ni l'un ni l'autre. Je m'en vais !

— Ton fameux « quittage de plateau », Christine ?

Baffie :

— *What else?*

Angot ne peut s'empêcher de rire.

Elle repart par le grand escalier, suivie des actrices. Elles s'estompent peu à peu et disparaissent avant d'arriver en haut.

Baffie :

— Tu n'es donc pas prêt à te repentir, Thierry ?

— Non, pas pour ça... En revanche, au collège Saint-Michel à Annecy où j'étais interne, je me repens d'avoir harcelé Vitipon, un élève rendu difforme par la poliomyélite. Il ne se passe pas un jour de ma vie sans que je pense à lui. Nous le pourchassions dans les couloirs. Il avançait comme un pantin désarticulé, en projetant ses bras et ses jambes vers l'avant dans une suite de mouvements désordonnés, jusqu'à tomber la tête la première sur le sol glacé où nous le rouions de coups de pied. Sans l'ombre d'un remords... Et maintenant, j'accueille Vitipon !

Lumière. Musique. Applos. Vitipon. Il a l'âge de l'époque. Il descend comme il le peut l'escalier qui mène au plateau. Il finit par atteindre la table en forme de fer à cheval. Méline doit le hisser sur l'assise haute.

— Pardon, Vitipon.

Sampler : *Isn'It A Pity* / George Harrison.

Vitipon :

— Tu n'étais pas celui qui frappait le moins fort, mais il y a longtemps que je t'ai pardonné, Thierry. À toi et aux autres. Vous ne saviez pas ce que vous faisiez.

Je fais le signe de croix. Le public aussi. Macron hésite.

Vitipon :

— La paix soit avec toi !

Baffie :

— Triomphe romain !

Sampler : *Ben Hur* / Générique.

Le public se lève, pouce en l'air.

Vitipon s'estompe peu à peu et disparaît.

Macron :

— Toujours vos castings surprenants ! Dans le discours de remise de votre Légion d'honneur, je remarquai l'hétérogénéité de vos invités, comme cette émission qui réunissait Marilyn Manson et Maître Capello !

— « Une pute, un archevêque », comme on disait des dîners de têtes des années 30 !

Baffie :

— C'est le truc de Thierry. Y a aussi « torcher les invités ».

— Laurent, je ne vous ai pas vu à la Légion d'honneur de Thierry ! Pourtant, il a été question de vous !

— Oui, je sais, vous avez cité Raymond Barre à la sortie de l'Assemblée nationale, à qui je demande s'il a plus de succès avec les filles depuis qu'il est Premier ministre… Mais Thierry ne m'a pas invité !

— Je connais Laurent ! Il n'aurait pas pu s'empêcher d'aller demander à Brigitte Macron si elle était un homme ! Le tout filmé pour Instagram. J'ai eu peur. Il est capable de tout. Je le sais.

— Tu m'as trahi… Tu as eu honte de moi…

— Monsieur le Président, dans votre discours, vous avez fait référence à ma question à Gilbert Bécaud, « Alors, ça fait quoi d'avoir deux femmes à la maison ? », mais pas à celle de Michel Rocard…

— J'ai dit, à un moment : « Le succès, c'est parfois de se tromper… »

— Mais pas « Est-ce que sucer, c'est tromper ? » Vous avez eu peur ?

Le Président sourit.

Baffie :

— Vous vous voyez souvent, tous les deux ?

— Pas « souvent », mais on se voyait… Pour la présidentielle de 2022, je voulais faire une campagne bilan du premier quinquennat sur le thème « Quand c'est bien, faut le dire »…

— Je ne sais pas pourquoi on ne l'a pas faite, d'ailleurs ! À l'Élysée, tout le monde trouvait votre slogan excellent ! Brigitte aussi !

— Tu aurais voulu être le Séguéla de Macron ?

— Pourquoi pas ? Mais Mitterrand écoutait Séguéla : il a limé ses canines et il a posé devant une église pour « La Force tranquille », alors qu'il arrivait avec quatre ministres communistes…

— Et, avec Macron, qu'est-ce qui s'est passé ?

— Le soir de la remise de la Légion, je vous ai dit, Monsieur le Président, que, pour les élections européennes, la tête de liste, Valérie Hayer, n'imprimait pas, que le slogan, « Besoin d'Europe », ne voulait absolument rien dire et que votre parti allait faire 15 %. Vous m'avez lancé un regard noir !

— Avec ses yeux bleus ? Toi qui m'avais pas invité pour éviter les boulettes, t'étais servi !

— Je ne pensais pas que la Légion d'honneur m'obligeait à être servile. C'était sincère. Et malheureusement juste. La liste a fait 14 %. Depuis, nous ne nous sommes pas revus…

— Vous me connaissez encore assez mal, Thierry ! J'aime la contradiction. Mais voyons-nous… Il va falloir que je vous quitte. J'ai un call avec Trump.

— Merci d'être venu me donner un coup de main, Monsieur le Président !

Macron, au public :

— Si vous voulez faire des selfies, c'est maintenant !

Le Président quitte le plateau par l'arrière.

Décollage d'hélicoptère sur le parking du studio, rendu difficile par une manifestation de néo-féministes qui scandent : « Ardisson, t'es mort ! » sur l'air des lampions.

11

Delon vous emmerde tous

J'arrête la musique en l'attrapant avec la main droite.

Baffie :

— J'ai jamais compris comment tu faisais ! Je peux essayer ?

Je pointe mon index droit vers ma caméra de face. La chanson démarre.

Sampler : *Pas d'ami (comme toi)* / Stephan Eicher.

Baffie essaie alors de couper le son en le saisissant dans sa main droite. Sans succès. Je le fais. Ça marche.

— C'est un don que tu as !

— Là, c'est plutôt Pipo et Mario font de la télévision…

— Ce qui est nouveau, ce soir, c'est qu'il suffit que tu prononces le nom d'un invité pour qu'il débarque ! Comme une IA autogénérative !

— Sauf Dupont de Ligonnès et John Lennon ! Tu veux essayer ?

Baffie vient s'asseoir à ma place.

— Et maintenant, j'accueille Jean-Paul Belmondo !

Alain Delon apparaît en haut de l'escalier.

— Tu y étais presque, Laurent…

Rires du public.

— Après la Légion d'honneur, l'humiliation continue…

— La vie est injuste.

Delon, qui ne veut pas descendre :

— Alain Delon n'a jamais accepté d'invitation dans cette émission. Alain Delon refuse d'y participer.

— Dommage ! Je fais, souvent l'interview « Alain Delon » aux invités… Il suffit de parler de soi à la troisième personne et de se prendre pour Alain Delon. Avec vous, ça aurait été encore plus drôle…

— Alain Delon vous emmerde tous !

Méline revient avec du champagne, mais dans un mug. Ordre de Catherine. Histoire de pas provoquer l'Arcom.

Baffie :

— Tu viens de te faire un nouvel ami dans le cinéma, toi !

— Déjà que j'en avais pas beaucoup !

— T'as produit quoi, finalement, comme films ?

— *Max*, avec Mathilde Seigner et JoeyStarr, et *Ma fille*, avec Roschdy Zem.

— C'était quoi ?

— C'est l'histoire d'une gamine, Max, dont la mère est morte et qui, un soir de pluie, sous un abribus, tombe en amour pour une prostituée. Les faux-cils, le brushing, les cuissardes, la minijupe : c'est le coup de foudre. Elle supplie l'inconnue, Mathilde Seigner, de venir passer Noël avec elle et son père, JoeyStarr. Mais la maman de rechange va coûter très cher au veuf, d'où des embrouilles homériques avant le baiser final. C'était un film de Noël que Warner France a sorti mi-janvier pour faire de la place à l'un de leurs blockbusters américains, mais ça a quand même fait huit cent mille !

— T'as fait quoi ?

— Le pitch, d'abord.

— Et l'autre ?

— *Ma fille*, avec Roschdy Zem, un remake du *Voyage du père*, dont l'original m'avait bouleversé en 1966. Fernandel habite dans le Jura. Sa fille est coiffeuse à Lyon. N'ayant aucune nouvelle d'elle et ne sachant pas si elle viendra pour Noël, il part la retrouver dans la grande ville et découvre qu'elle se prostitue.

— T'es obsédé par les putes !

— Et Noël ! Catho tendance Marie-Madeleine ! Le pire, c'est *Kongaï*, une allégorie sur le sida où j'avais imaginé que de plus en plus de prostituées se mettaient des lames de rasoir sur un bouchon de liège dans le vagin, comme les putes de Saigon, pour exterminer le corps expéditionnaire français pendant la guerre d'Indochine. Un soir où je buvais du champagne chez

Eric Neuhoff, Isabelle Adjani l'a appelé et je me suis emparé du téléphone pour lui vendre mon pitch... Elle a fini par raccrocher !

— Mais t'avais des tas de pitchs...

— On m'appelait « Pitchman ». J'en avais une douzaine ! C'est tout le problème ! Contrairement aux USA, en France, le producteur n'a pas à avoir des idées, il est surtout là pour trouver le financement du film. La création, c'est le réalisateur. Avec la loi de 1967 qui lui donne le final cut, c'est lui, le chef. Pour *Max*, je n'ai même pas pu choisir la musique du final !... J'ai fait la grave erreur de vouloir produire mes idées au lieu de les réaliser.

— Mais à l'époque, tu gagnais beaucoup de blé à Canal, avec « Salut les Terriens ! », et t'avais pas le temps de réaliser des films.

— Après l'arrêt de « Tout le monde en parle » sur Antenne 2 par Carolis, si j'avais décidé de refuser la proposition de Canal, d'abandonner la télé pour le cinéma, j'aurais eu le dos au mur et pas d'autre choix que d'y arriver. Condamné à réussir. J'aurais dû réaliser mon premier film à l'arrache. Avec des potes. Le week-end. Un truc genre *Paris Dernière, le film*, façon *After Hours*.

— Mais tu payais aussi la façon dont tu traitais les stars à la télé !

— Le même refus du copinage qui avait fait mon succès... C'est compliqué.

— Mais, faute de réalisateur, tu aurais pu faire fabriquer tes pitchs par des faiseurs !

— Aux USA, on dit *film-maker*, en France, on dit « faiseur » ! Les réalisateurs qui n'écrivent pas leurs films n'ont pas la carte et, avec eux, tu ne finances pas les films que je voulais faire…

— T'avais pas un projet avec des Américains ?

— Oui, c'était le premier. L'histoire d'un animateur de talk-show façon Michel Drucker qui, d'un seul coup, se met à poser des questions parfaitement inappropriées… On comprend vite qu'un cinglé a pris la régie en otage et que c'est lui qui dicte par l'oreillette sa transgression au vieux gendre idéal ! J'ai bossé sur le scénario avec Larry Cohen, le créateur de la série *Les Envahisseurs*, l'auteur des films *Phone Booth* et *Cellular…* Mais 12 000 kilomètres, avant l'arrivée des *video calls*, c'était très loin…

— Même ton histoire de Napoléon, tu n'y es pas arrivé ?

Previously.

L'Empereur de la Nuit, c'est le premier film que j'ai écrit. C'est l'histoire de Dany Riviera, un petit Corse scorsesien qui dirige des boîtes de nuit, les Riviera Club, dans toute l'Europe. À leur tête, il a mis ses six frères et sœurs. Il est marié, avec une fille de bonne famille, Delphine de Faucigny, qui a eu deux enfants d'un premier mari et qui ne peut malheureusement pas en avoir avec lui. Le jour où le ministre de l'Économie lui remet les insignes de la Légion d'honneur, Dany n'attend pas qu'il lui accroche la médaille, il s'en empare et se l'épingle lui-même. Un vieux prof d'histoire présent dans la salle, Lutard, lui révèle alors que Napoléon avait fait la même chose avec sa couronne, devant le pape, lors de son sacre, le 2 décembre 1804.

Né en Corse, régnant sur toute l'Europe à travers ses frères et ses sœurs, des difficultés à avoir un héritier, Lutard est formel : Dany a le destin de Napoléon ! Le patron de clubs est ravi. Au moins, maintenant, il connaît la suite. Pour commencer, il n'ira pas ouvrir un Riviera Club à Moscou ! Pas question de retraite de Russie et de Bérézina ! Debout sur le siège avant d'une Bentley décapotable, il fait le tour de Paris par les boulevards des Maréchaux, Ney, Lannes, Suchet, Murat… Tous les feux passent au vert au moment où il arrive. Il est *L'Empereur de la Nuit* !

Jusqu'au jour où, sa femme, Delphine, qui ne supporte plus sa mégalomanie, lui apprend que Napoléon est mort d'un cancer de l'estomac, seul, à Sainte-Hélène, un rocher en plein milieu de l'Atlantique…

Dany Riviera parviendra-t-il à échapper à son destin ?

Il commence par engager le vieux prof d'histoire, Lutard, pour l'aider à se sortir de là…

— Tu pensais à qui pour le rôle ?

— De Funès pour Riviera et Rochefort pour Lutard, mais ils étaient morts. Quand j'en avais parlé à Harvey Weinstein à Cannes, il m'avait dit que, si Napoléon, c'était Alain Chabat, ça l'intéressait. L'autre bonne idée, c'était Jamel ou Omar Sy. Mais j'avais pas le réal. Ou des réals qui voulaient faire autre chose. Ça s'est pas fait…

— T'inquiète, ma poule ! Kubrick aussi avait un film sur Napoléon qu'il n'a jamais pu faire !

— Merci, Lolo.

12

Le Palace, la dernière valse

— Et maintenant, j'accueille Christian Louboutin !

Pork pie hat sur la tête, costume croisé écossais, sneakers cloutés, Christian descend lentement des cintres, juché sur un escarpin géant, vernis noir et semelle rouge. Musique. Lumière. Applos. Le soulier se pose au pied du grand escalier.

Sampler : *Wilkommen* / Cabaret.

Louboutin :

— Salut, Tigron !

— Salut, Tinboulou ! Tu vis toujours en l'air ?

— Hier, j'étais à Dallas, tout à l'heure, je pars à Dubaï et, après, l'Australie ! Vivement le Portugal !

— Quand je t'ai connu, au Palace, tu avais 13 ans, tu voulais déjà faire des *souliers*, le mot m'avait marqué et, aujourd'hui, t'es le plus célèbre créateur de souliers au monde ! Tu possèdes des boutiques, des ateliers, des maisons sur toute la planète ! Tu produis cent cinquante mille paires par an ! Et ta boîte pèse 1 milliard 3 !

Sampler : *Louboutins* / Jennifer Lopez.

— Ça prouve le rapport particulier que les femmes entretiennent avec leurs souliers !

— Tout le monde connaît la légende ! Le petit métis qui naît dans une famille de Bretons bien blancs… Tu as longtemps cherché. Aujourd'hui, admets-tu que ta mère aurait pu avoir un amant ?

— Non.

— Tu as 12 ans quand, lors d'une visite à l'ex-musée des Colonies, Porte Dorée, à côté de chez toi, tu tombes sur un vidéogramme où figure une interdiction, un escarpin à talon aiguille barré d'une grosse croix rouge…

— J'avais jamais vu de soulier comme ça ! J'ai réalisé que les souliers étaient dessinés, que tout, autour de nous, était dessiné, en fait… Ça a été le choc !

— Et tu t'es focalisé sur le talon haut.

— Ça aurait pu être un tracteur ! C'est devenu une obsession. J'en dessinais partout. On m'appelait Guy Degrenne !

— Tu as dessiné combien de souliers ?

— Deux cent mille.

— Tu pars en apprentissage à Romans, chez Jourdan, puis chez Vivier, tu montes ta société et, là, Anna Wintour, celle du *Diable s'habille en Prada*, te remarque : tu es lancé ! Les plus grandes stars d'Hollywood s'arrachent tes souliers ! Mais le vrai déclic, ce sera les semelles rouges !

— J'ai vu mon assistante se faire les ongles avec du vernis rouge. Je lui ai emprunté le pinceau. Et j'ai peint les semelles... Au début, je voulais faire une couleur par saison, mais le rouge s'est imposé.

— Tu fais des souliers sexy !

— Le talon déplace le centre de gravité du corps vers l'avant et change la cambrure des femmes.

— Donc, leur psychologie...

— La semelle rouge est un feu vert à l'aventure !

— Tu te souviens, au Sept, quand tu m'avais « marié » avec Ouamée Schlumberger ?

— Oui, ça s'appelait « Mariage 2000 » ! On jouait à ça avec Farida ! On faisait se rencontrer les gens !

Previously.

En 1976, après avoir décroché de l'héro aux USA, je rentre à Paris, clean, bien décidé à tourner la page. Je change d'amis et je me retrouve à bosser dans un journal underground des Halles créé par Alain Benoist : *Façade.* J'ai toujours su surfer sur l'air du temps.

« *Façade*, le journal qu'on lit le matin avant de se coucher. »

Façade, c'est l'aventure de publicitaires qui découvrent la pratique journalistique. Ici, contrairement aux autres journaux, basés sur un schéma récurrent, avec des colonnes de texte toujours au même endroit, chaque article génère sa propre mise en page. On part d'un rectangle blanc. Comme pour faire une annonce de publicité. Le papier fondateur montrait les photos en bleus de travail des ouvriers qui venaient de terminer la construction du Centre Pompidou avec ce titre : « Beaubourg : *Façade* présente les 96 premiers exposants. »

« *Façade*, le journal qui sort quand il est prêt » : on fonctionnait comme un groupe de rock qui produit des albums. Nous, c'était trois numéros par an. Attendre des heures Mick Jagger dans le hall de l'hôtel PLM-Saint-Jacques pour lui proposer de faire la couverture avec Sayoko, aller vendre de la pub chez Saint Laurent avec, dans les cheveux, la colle des affiches posées toute la nuit dans Paris, concevoir des annonces spécifiques pour le journal – c'est comme ça que, pour l'opticien Glamor, j'ai inventé « Lunettes noires pour nuits blanches », titre que je reprendrai pour l'émission d'Antenne 2 –, réussir à convaincre Eugène Ionesco d'être interviewé par Eva Ionesco, et ne pas arriver à faire la même chose avec Jean-Pierre Foucault et Michel Foucault, on y passait notre vie.

En plus, j'écrivais pour le journal des articles comme « *Zippin'up my boots, going back to my roots* », la préparation de la soirée du samedi à La Main bleue dans un foyer de travailleurs maliens, ou des novelettes, comme l'uchronie dans laquelle j'imaginais que John

Fitzgerald Kennedy n'était pas mort à Dallas et que, fou et défiguré, il vivait cloîtré sur l'île d'Aristote Onassis, Skorpios, en Grèce, ceci expliquant le mariage du milliardaire avec Jackie !

Dans *Palace Magazine*, le journal de Prosper Assouline, j'interviewais de jeunes et jolies princesses, des Rochechouart, des Beauvau-Craon, des Mortemart, des Rohan-Chabot, des Clermont-Tonnerre... Toutes parfaitement historiques et nuitamment hystériques. Et puis, avec Philippe Morillon pour les photos, j'étais en charge de la page « Paris » du *Andy Warhol's Interview*, ce qui nous valait de rencontrer Andy, Bob Colacello et Fred Hughes quand ils séjournaient rue du Cherche-Midi, à Paris.

Sampler : *Nightclubbing* / Iggy Pop.

Le smoking, dernier costume folklorique de l'Occident, était devenu mon vêtement de travail.

Inutile de dire que la bande de *Façade* était bienvenue au Palace, temple de la nuit.

Vrais jet-setters, branchés des Halles, homos cuir hardcore, artistes underground, vieille noblesse française, philosophes en goguette, michetons, dealers, top models : au Palace, Fabrice Emaer a su faire cohabiter noctambulisme de masse et mondanité hype. Le Palace était la dernière utopie des années 70 : rassembler tout le monde au même endroit pour s'amuser.

Les fêtes du Palace, et notamment « Le Bal du Siècle » de Karl Lagerfeld (Jenny Bel'Air fait une entrée triomphante sur une gondole portée par six éphèbes, l'un d'eux trébuche, tout s'écroule, dévoilant les couilles de Jenny !) ou la fête « Vice Versa » de Kenzo (Mick Jagger en fille, Jerry Hall en garçon et pareil pour tout le monde) resteront dans les annales de la nuit parisienne.

Yves Saint Laurent emballant un coiffeur nîmois dans un escalier ! Moustachus en crinoline qui valsent sur Strauss pour célébrer Sissi ! Frédéric Mitterrand en Lana Turner sur une balançoire au-dessus des danseurs ! Kenzo en Minnie ! C'est là où il fallait être.

D'ailleurs, ils sont tous là : Linda Evangelista, Gilles Dufour, Jean-Baptiste Mondino, Loulou de la Falaise, Alain Pacadis, Naomi Campbell, Athénaïs de Mortemart, Thierry Mugler, Victoire de Castellane, Andy Warhol, Jean-Michel Basquiat, Patrice Calmettes, Amanda Lear, Alain Robbe-Grillet, São Schlumberger, Princy de Baroda, Francis Bacon, Aragon, Jean-Paul Gaultier, Yves Adrien, Jacques de Bascher, Eva Ionesco, le baron de Rédé, Gérard Garouste, Philippe Starck, Paloma Picasso, David Rochline, Jean-Paul Goude, Claude Montana, Roland Barthes (« Le Palace n'est pas une boîte comme les autres »), Alfredo Arias, Paolo Calia, Jean-Charles de Castelbajac, Brion Gysin, Maud Molyneux, Pierre Bergé…

Au balcon, Fabrice Emaer, tel un prince viscontien, boit du Cristal en sirotant son triomphe.

Toute la nuit, on déambule de l'orchestre au fumoir, du couloir au bar, on s'arrête en haut d'un escalier, on repart, porté par la foule. Drague au balcon. Drogue dans les chiottes. Baise sur les gradins supérieurs. Climax : la nuit où j'ai fait l'amour dans les cintres, sur une passerelle, vingt mètres au-dessus des clubbeurs en transe sur le dancefloor zébré par les lasers. Le désir sexuel avait vaincu mon vertige.

Sampler : *Love To Love You, Baby* / Donna Summer.

Au Palace, tout le monde était un spectacle, mais l'attraction principale, c'était « la Bande des Craignos ». Ils n'avaient pas aimé quand je les avais baptisés comme ça, dans un article pour *Playboy*. Ils auraient préféré « la Bande au Bandeau » ou « la Bande des Halles ». Ils s'appelaient Christian Louboutin, Ouamée Schlumberger, Vincent Darré, Paquita Paquin, Tristan, Eva Ionesco, Philippe Krootchey, Farida et Djemila Khelfa, Simon Bocanegra, Marie Beltrami, Pierre et Gilles, Edwige Belmore… Ils étaient créatifs, drôles, élégants. Ils incarnaient la branchitude. Issus de la haute société protestante ou du lumpenprolétariat du 93, ils se retrouvaient dans l'art du paraître. Leur éthique était une esthétique.

Le matin, les Craignos dormaient. L'après-midi, ils allaient voir des films de Bollywood au Louxor, à Barbès, ils traînaient chez Galignani ou ils faisaient du shopping dans des friperies des Puces, des solderies de haute couture ou chez Toupourien. Parfois, c'était tout simplement un rideau de cuisine retaillé en robe moulante ou quatre sparadraps en croix sur les seins, des ballons gonflés à l'hélium pour cacher le bas. Ensuite, venait le rite des essayages, en compagnie de « Herbert », l'herbe, « Corinne », la coke, ou « Hélène », l'héro. À minuit, ils débarquaient au Palace où leurs looks, le verlan qu'ils employaient pour communiquer entre eux et leurs danses en couple faisaient craquer tout le monde, inspirant les Saint Laurent, Lagerfeld, Kenzo... L'époque était à la mode de la mode.

Sampler : *Stuff Like That* / Quincy Jones.

— Tu te souviens du soir où tu as vomi sur les souliers de Karl ?

— C'est comme ça qu'on est devenus amis !

— Et maintenant, j'accueille Karl Lagerfeld !

Karl Lagerfeld, squelettique dans son petit 34, descend l'escalier qui mène au plateau. Il a beaucoup maigri depuis le Palace. Il a enfin trouvé son look. Adieu l'éventail, bonsoir le costume noir !

Louboutin :

— Bonsoir, Karl !

— Bonsoir, Karl ! Je racontais dans une émission la semaine dernière que c'est à la fête « Cuir » de l'immense dandy Jacques de Bascher à La Main bleue que j'ai vu mon premier fist-fucking anal...

Karl :

— Je déteste tout ça, même si je regrette Jacques...

— Quand Jacques a été atteint du sida et du sarcome de Kaposi, il s'est réfugié en province dans le château de famille. Tous les soirs au coucher, sa mère mettait de l'eau bénite sur ses taches noires et les recouvrait d'une compresse de gaze. Et lui, pour lui laisser croire que ça marchait, déplaçait les compresses sur des parties saines de son corps. Le lendemain matin, Madame de Bascher criait au miracle.

— Oui, mais tout ça, je m'en fous ! J'aimais Jacques, mais c'est du passé.

— Au Palace, on dansait sur un volcan, le sida.

— La dernière valse.

— Thierry, *mein Schatz*, tu as des nouvelles de Guy Cuevas, le DJ ? Je l'avais connu au Nuage vers 1965. Il venait d'arriver en France. De Cuba. Un soir où il était invité chez la maîtresse de Castro, il avait demandé au Líder Máximo de le laisser partir, et l'autre avait accepté ! Après Le Nuage, il est allé faire la musique au Sept avec Fabrice Emaer, qui l'a embarqué dans l'aventure du Palace, où, exposé aux clubbeurs depuis son perchoir, il était vénéré comme un saint napolitain !

— Un demi-dieu !

— Un demi-dieu qui pissait dans une bassine car il n'avait pas le temps de traverser la foule pour aller aux toilettes !

— Il s'est disputé avec Fabrice Emaer et il est parti du jour au lendemain, sans un sou, aux Bains Douches.

— Après, il est passé au Niel, je crois, et il est devenu aveugle… Il s'est retrouvé dans un deux-pièces en face du cimetière de Thiais… Plus personne ne décrochait quand il appelait…

— *Mein Gott !* Les affres de la solitude et les ténèbres de la cécité.

— Les lasers du Palace lui avaient brûlé les yeux.

— Il m'a raconté avoir souvent voulu se laisser tomber du balcon à Thiais.

— Et il est devenu quoi ?

— Kenzo l'a installé dans un appartement du XVIe ! Il va beaucoup mieux.

— Quand Guy est parti, le Palace, c'était déjà fini… *Nevermore… Nie Mehr…*

— D'abord, il y avait eu la création du Privilège à la place de la piste de rollers, au sous-sol. Très privé et ultra-chic, le lieu cassait l'utopie d'une seule boîte pour tous. D'ailleurs, on pouvait monter du Privilège au Palace, mais pas descendre du Palace au Privilège !

— Et puis, y a eu l'élection de Mitterrand… Grotesque ! Vous y étiez ?

Sampler : *La vie en rose* / Grace Jones.

— Oui, le soir où Fabrice Emaer a fait couper la musique et allumer la lumière pour expliquer qu'il fallait voter Mitterrand ! Jack Lang lui avait promis qu'avec la gauche, l'homosexualité serait dépénalisée, ce qui a été le cas. La déclaration de Fabrice a jeté un froid. Qu'ils soient de gauche ou de droite, les clubbeurs n'avaient pas envie d'entendre un patron de boîte leur dire pour qui voter. Beaucoup ont déchiré publiquement leur carte. La fête était finie.

— Y a un truc qui m'a toujours fait mourir de rire, c'est, chez Fabrice, la préparation de ses obsèques à Saint-Roch. Sylvie Grumbach et Dominique Segall s'occupaient des faire-part dans le salon, face aux Tuileries et, quand ils avaient un doute sur l'invitation de tel ou tel, ils allaient dans la chambre où Fabrice reposait, embaumé et parfumé, pour lui demander son avis !

— Tout le monde a cru qu'il était mort du sida…

— Cancer de la vessie… Les clopes…

— Depuis qu'un petit voyou lui avait déchargé un revolver dans le ventre…

— Comme Warhol !

— … depuis, il avait une véritable phobie des hôpitaux et, quand il a commencé à pisser du sang, il ne s'est pas fait soigner.

— C'est de l'histoire ancienne, tout ça…

— En parlant d'histoire ancienne, j'ai une invitée que vous allez adorer, Karl !

Baffie :

— Yves Saint Laurent !

13

Marie-Antoinette, Karl et les Khmers rouges

— Et maintenant, j'accueille Marie-Antoinette !

Diadème sur la tête, la dernière reine de France descend l'escalier en robe de cour émeraude et argent. Elle est sublime. Salutations.

Marie-Antoinette, à Karl :

— *Guten Abend, mein Herr ! Österreicher ?*

— *Nein, Majestät... Deutsch.*

Sampler : *In My Life* / The Beatles / Solo de clavecin.

— Quelle immense joie de vous rencontrer, Majesté ! J'adore votre mobilier. On a parlé de style « Louis XVI », mais c'était le vôtre. Pour les historiens de la mode, avant Jeanne Lanvin, Coco Chanel et Mary Quant, vous avez révolutionné la garde-robe féminine. Vos petites robes champêtres en percale ou en mousseline, vos fichus de gaze... sublime modernité. Vous avez inventé la saisonnalité de la mode. Vous avez posé pour Vigée Le Brun avec un chapeau de paille !

— Ma mère m'écrivait de Vienne que j'étais habillée « comme une femme de chambre » !

— La mienne me disait : « Tu me ressembles, mais en beaucoup moins bien. » Vous vous êtes rebellée contre le corset à baleines ! Vous avez simplifié le maquillage. Vous avez été la première à libérer le corps des femmes. Et toutes les cours d'Europe vous ont suivie !

— Celle qui a changé la mode, c'était Rose Bertin, ma « ministre des Modes », comme je l'appelais.

— Mais vous étiez sa muse ! Vous avez fait sa fortune ! Une godiche arrivée de Picardie à l'âge de 16 ans... Vous en avez fait une star !

— On m'appelait « Madame Déficit », comme si la guerre d'Indépendance des Américains, financée par mon mari, n'avait rien coûté ! On m'a beaucoup reproché les factures de Rose... Je me suis sans doute laissé entraîner dans des dépenses...

— Et après ? La mode n'est ni morale ni amorale, elle est faite pour remonter le moral ! Nous n'avions, vous et moi, aucune envie de normalité, n'est-ce pas, Majesté ?

— Vous êtes tous les deux de sacrées fashion victims !

— Je me souviens d'une fête au Palace où des filles s'étaient fait sur la tête la reproduction des fameux « poufs » inventés pour vous par Léonard ! Une construction démesurée avec des angelots accrochés dans les cheveux !

— Je dois vous quitter, *meinen Herren*…

— Mes hommages, Madame ! Quel bonheur d'avoir pu faire votre connaissance !

— Au revoir, Majesté !

Marie-Antoinette s'estompe peu à peu et disparaît.

Catherine, dans l'oreillette :

— Qu'est-ce qui t'a pris de les expédier comme ça ? T'avais un casting de rêve et t'en as pas fait grand-chose ! Résultat : ça monte pas…

— Je ne supporte pas Marie-Antoinette façon Sofia Coppola.

— Là, tu deviens vraiment ingérable ! Démerde-toi, mon petit Thierry ! Vite !

Sampler : *Instant Replay* / Dan Hartman.

— Et maintenant, j'accueille à nouveau Marie-Antoinette !

Sampler : *Les Dossiers de l'Écran* / Générique.

Robe de bure noire, Marie-Antoinette redescend l'escalier qui mène au plateau. Elle ressemble à Michèle Morgan dans le film de Jean Delannoy. Ses cheveux sont devenus blancs. Ses yeux sont vides. L'abbé Magnin, son confesseur, l'escorte.

— Et maintenant, j'accueille le fils de Marie-Antoinette et de Louis XVI : Louis XVII !

Coiffé d'un bonnet phrygien rouge, chaussé de sabots de bois, un garçon d'une dizaine d'années, hagard et dégingandé, titube sur les marches et rejoint le plateau avec difficulté. Il est bouffi d'alcool, les yeux vitreux, sale.

— Majesté, c'est une situation exceptionnelle ce soir puisque Catherine Barma ne vous a pas invitée dans l'émission, c'est vous qui avez demandé à y participer...

— Je sais que cela ne se fait pas, mais je voulais dénoncer un crime contre l'humanité. Je veux crier à la face du monde ce qu'ils ont fait subir à mon fils, Louis !

— Merci d'avoir choisi « Tout le monde en parle » !

— Merci à vous... Le 3 juillet, il était 10 heures du soir, six commissaires et un guichetier sont arrivés dans l'appartement pour m'enlever mon enfant ! J'ai eu beau supplier à genoux, une heure après, il était chez le cordonnier Simon et sa femme qui, pour mille livres par an, avaient accepté de le dresser à devenir un bon sans-culotte.

— Lavage de cerveau !

Marie-Antoinette, à son fils :

— Dis-leur, Louis !

— Il fallait que je crie « Vive la République », mais j'ai refusé ! Après, ils m'ont demandé de chanter une chanson sur la « louve autrichienne », ma mère, la pute...

Voûté, la tête rasée, adieu les boucles blondes, adieu les yeux pervenche qui faisaient fondre Versailles. Pauvre Chou d'amour. Ils l'ont abruti.

— Ils ont aussi voulu me faire porter leur bonnet rouge. Au début, j'ai pas voulu !

— Alors, Simon l'a fait boire ! Et Chou d'amour a obéi… Sinon, ils le frappaient.

— Simon me force à lui apporter ses pantoufles… à cirer les souliers de sa femme… à les servir tous les deux à table… Mais j'aime bien ça !

— Quand il a bu, ils lui font lire *Le Père Duchesne* et chanter « La Carmagnole » ! Ils lui apprennent à cracher sur sa famille et à vomir son Dieu ! Il demande tous les jours pourquoi ma belle-sœur et moi n'avons pas encore été guillotinées ? Il voudrait que ça aille vite !

L'abbé Magnin :

— Si les terroristes l'avaient tué, ils en auraient fait un martyr et son oncle, le futur Louis XVIII, aurait pu prendre la tête de la Restauration ! Mais ils l'ont gardé en vie en le rendant inapte à régner ! C'est satanique…

— Mais le pire, ça a été lors de mon procès, quand ils ont appris que Chou d'amour se masturbait : ils ont imaginé de me charger pour motifs sexuels ! En plus de l'eau-de-vie, ils lui ont fait avaler des pilules d'opium… Là, ils ont fait venir des prostituées au Temple pour lui faire découvrir les perversions dont il m'accusera… Des filles vérolées, pour avoir des preuves…

— Ils m'ont dit que ma mère et ma tante m'avaient appris à me branler devant elles…

— Et alors ?

— C'est vrai. Ça leur plaisait ! Deux salopes !

— Les monstres ont poussé le vice jusqu'à faire « avouer » à mon fils que je l'avais obligé à copuler avec moi...

Louis, dans un rire graveleux :

— Baiser ! On dit baiser !

— Louis a recommencé avec sa tante en disant qu'elle aussi avait participé à son apprentissage de la masturbation !

— Rééducation façon Khmers rouges ! Que les livres d'histoire de la République n'en parlent pas, on comprend, mais les royalistes ?

Abbé Magnin :

— L'affaire n'est pas sortie chez les royalistes pour ne pas abîmer la mémoire de l'enfant-martyr, pour ne pas salir la légende des grands ancêtres...

— Un dernier mot, Majesté ?

— Moi, la reine, ils m'avaient souillée en m'accusant d'organiser des parties fines avec la duchesse de Lamballe, la comtesse de Polignac et les gardes au Trianon, ils m'avaient appelée « la dépravée », « la débauchée », ils parlaient de mes « fureurs utérines » mais, là, mon propre fils... J'en appelle à toutes les mères !

Une fille dans le public :

— À l'échafaud, sale pute !

Sampler : *La Gioconda* / Maria Callas.

Aux mains et aux pieds de Marie-Antoinette apparaissent les stigmates du Christ. Elle monte lentement au ciel dans une lumière de cathédrale. Le public filme l'assomption au portable. Karl et Louboutin aussi. Louis XVII n'a pas le moindre regard pour sa mère. Il reste là, un peu hébété, et repart avec l'abbé Magnin. Sa démarche de poivrot finit de briser le cœur des gens.

— Faut que j'y aille ! J'ai rendez-vous avec Mademoiselle Chanel. Elle m'engueule quand je suis en retard !

L'escarpin géant, vernis noir semelle rouge, dans lequel Louboutin est arrivé, s'est à nouveau posé au pied du grand escalier. Le bottier et le couturier s'envolent vers les cintres en saluant le public.

— Ciao, Karl ! Ciao, Christian !

Baffie :

— J'ai cru que ça finirait jamais !

Rires du public.

Catherine, dans l'oreillette :

— Le carton ! T'avais raison ! Elle a scotché tout le monde ! On a pris 8 points ! Les témoignages des people sur leurs drames, c'est toujours ce qui marche le mieux… Au fait, j'ai des nouvelles de Muriel, ta fan, la Belge ! Elle est arrivée en retard à l'émission. Le coup de feu avait déjà été tiré. Les flics ont retrouvé le chauffeur de taxi qui l'a amenée de la gare du Nord. C'est pas elle.

— Et le revolver ?

— Elle habite à Molenbeek… Elle dit que ça la rassure…

— Elle est en bisbille avec des dealers. Elle est où ?

— En garde à vue dans une loge. L'interrogatoire l'a secouée !… Dépêche-toi ! À ce rythme-là, on n'aura jamais fini à minuit !

— J'espère bien.

14
Noah se démasque

— Et maintenant, j'accueille Yannick Noah !

Noah époque Roland-Garros. Entièrement habillé par Le Coq Sportif, son sponsor. Le champion descend l'escalier à grandes enjambées. Musique. Lumière. Applos.

— Bonsoir, Yannick !

— Salut !

— Tu m'en veux toujours ?

— Je suis là.

Previously.

Business. C'était le nom de l'agence de création que j'avais fondée à mon retour de Californie, à l'époque du Palace, après l'aventure *Façade.* Business, tout un programme avec, comme slogan, une phrase de Warhol : « L'art suprême, c'est le business. » L'agence produisait des spots de pub, généralement de huit secondes, avec un slogan très fort, comme pour Lapeyre, Ovomaltine, Tropico ou Chaussée-aux-Moines, mais aussi des pochettes de disques et des papiers pour la presse écrite, « les articles clés en main ». D'abord, on allait voir le rédacteur en chef du magazine avec une idée et une maquette, comme dans la pub. Ensuite, on revenait avec le texte et les photos pour acceptation. Et enfin, on livrait le document prêt-à-imprimer. Les angles, les mises en pages, les typographies, les couleurs, comme pour *Façade*, étaient très inspirés par la pub et ces articles clés en main, souvent sur fond jaune, faisaient le trou dans les magazines par leurs concepts et leurs looks.

Pour *Paris Match*, Business a réalisé « Les dix femmes les plus élégantes de Paris », pour *Paris Hebdo*, « Le Hit-Parade des Nightclubbers », pour *Elle*, « J'ai été gigolo » et « J'ai joué au sexologue », pour *F. Mag*, « Le chômage rend-il impuissant ? », pour *Les Nouvelles littéraires*, « 1981. Comment retourner votre veste ? » et « 39 heures. Qu'ont-ils fait de la 40e ? », pour *L'Écho des Savanes*, « Prenez un Pétardos (paquet plus vrai que nature), Mitterrand a légalisé la marijuana ».

Et pour le magazine mensuel *Rock & Folk*, « Descente de Police ».

L'idée était de transformer l'interview en interrogatoire. Ma deuxième interview formatée, après « L'Auto-Interview » de *Fugue en gros bémols*. Aujourd'hui, il en existe soixante-dix.

Parmi les interviewés, il y avait des stars attendues dans le journal, comme Johnny, Gainsbourg, Gene Vincent, mais aussi Sheila, Dalida ou Henri Salvador qui faisaient hurler la rédaction, le pire ayant été le général Bigeard ! Bigeard dans *Rock & Folk* : jamais ! Deux démissions.

Dans son « Descente de Police », face à l'Imper mastic, le plus mastoc, et l'Imper vert, le plus pervers, Yannick Noah avait avoué « aimer vachement » le shit et que « Pecci prenait de la coke avant les matchs ». Il pensait que ça ne sortirait pas au-delà du périmètre de *Rock & Folk*. Mais c'était fin août, pas beaucoup d'actu et « l'affaire Noah » a fait la une ! Yannick était au tournoi de Forrest Hills, submergé pas les appels des journalistes, il a démenti mollement. Je me suis retrouvé au 13 heures de TF1 et mon collègue flic, Jean-Luc Maître, à la même heure sur Antenne 2. Le ministre Bonnet avait déclaré le matin même que tout était faux. Là, j'ai affirmé sans ciller que nous avions beaucoup plus que ce que nous avions publié et que, si l'on continuait à mettre ma parole en doute, je balancerais tout !

Bien sûr, j'avais rien d'autre.

Le coup de bluff a marché. On m'a foutu la paix.

C'était ma première apparition sur le petit écran.

Quelques années plus tard, Marie-France Brière me demandera de faire la version télé de « Descente de Police » pour TF1. Mais là, on ne pouvait plus interviewer gentiment et réécrire violemment. Il fallait être agressif dès le tournage. C'était carrément punk ! Jusqu'au jour où j'ai entaillé le doigt de Karen Cheryl avec un tesson de bouteille de Kro. Elle ne voulait pas avouer je ne sais plus quoi. La Haute Autorité a convoqué le président Bourges, lui a lu le texte de l'interview et a arrêté l'émission sans délai.

D'autant plus qu'avant, il y avait eu la côte cassée d'Yves Simon dont nous plongions la tête dans une baignoire du PLM-Saint-Jacques pour le faire parler. Et Sophie Marceau qui avait obtenu un embargo total sur son interrogatoire musclé.

— Yannick, tu n'es jamais venu dans aucune de mes émissions !

— Tu avais dit à l'époque que j'étais « rancunier comme un baobab » !

— Tu sais très bien qu'on t'a pas piégé. Même si on a réécrit ton interview façon flic. Tu avais vraiment dit ce qui était imprimé. De toute façon, c'était enregistré. Personne n'avait imaginé l'ampleur que prendrait l'affaire, c'est tout.

— Tu ne m'as pas appelé à Forrest Hills…

— C'est vrai, mais était-ce une raison pour refuser toutes mes tentatives de réconciliation ?

— Je… je ne sais… pas quoi dire là… Je ne savais pas que vous étiez fâchés à ce point ! On n'avait pas prévu la question. J'ai pas de texte.

— Pourquoi cette attitude envers moi depuis quarante-cinq ans ?

— Je… Je n'en sais rien… Je ne suis pas Yannick Noah… Je suis un avatar, comme Gabin, Dalida ou

Coluche dans « Hôtel du Temps ». C'est l'équipe qui a ressuscité tes stars avec l'IA, Mac Guff, qui voulait que tu m'aies en cadeau sur ton plateau, pour la dernière.

— La dernière ?

Le masque numérique du comédien disparaît, découvrant son vrai visage.

— Vous vous appelez comment ?

— Kevin Touré. J'ai joué dans une série pour la 2, *Meurtre à Château-Thierry*.

— Merci, Kevin.

Baffie :

— Noah ne viendra donc jamais dans aucune de tes émissions... Mais le trucage était top ! On s'est tous fait baiser !

Sampler : *Saga Africa* / Yannick Noah.

Previously.

En 2019, quand Vincent Bolloré m'a viré du groupe Canal, je savais que, quelles que soient les propositions que je recevrais, je ne referais plus jamais de talk-shows. D'abord, parce que les stars que j'aimais interviewer étaient mortes. Plus de Gainsbourg, fini d'Ormesson, adieu Karl. Et les newcomers ne m'inspiraient pas grand-chose. Ensuite, je constatais que les stars américaines étaient de moins en moins nombreuses à venir faire leur promo en France et que celles qui le faisaient enchaînaient dix interviews en une journée dans une suite de palace, un press junket, très peu d'émissions en plateau. Enfin, vu l'importance prise par les réseaux sociaux, les invités s'exprimaient moins librement, soumis aux attachés de presse et terrorisés par le tweet qui tue. Je suis donc allé voir Delphine Ernotte en lui expliquant que je n'étais pas candidat au remplacement de Laurent Ruquier le samedi soir. L'idée, c'est qu'il y avait plus de stars mortes que de vivantes et qu'il fallait les ressusciter pour les interviewer. J'avais eu tout le monde, il me restait l'autre monde.

Mais pas des résurrections bricolées à l'aide de sosies ou de comédiens grimés, comme j'avais pu le faire pour Lennon, Hugo ou Baudelaire dans « Tout le monde en parle », des résurrections parfaites grâce à des avatars plus vrais que nature. Utiliser l'IA pour spectaculariser la culture, c'était l'idée. Le procédé consistait à interviewer un acteur de la même corpulence, avec la même gestuelle que l'original, sans qu'il lui ressemble forcément puisque, sur son visage, venait s'appliquer un masque numérique fabriqué à l'aide de centaines de photos et d'extraits de films retraités par l'IA. D'ailleurs, c'est le même comédien qui jouait Gabin et Coluche !

Moi, je débarquais à l'Hôtel du Temps, le Meurice pour tout vous dire, et, après une blague avec le concierge, je prenais l'ascenseur. C'est là que je rajeunissais de vingt ans ! Ensuite, j'interviewais la star défunte dans sa suite, au bar, au salon Pompadour ou sur le toit-terrasse pour revivre avec elle les grands moments de sa vie, du berceau au cercueil. Mais en commençant par la gloire.

Je me souviens de Dalida apprenant par ma bouche dans « Hôtel du Temps » qu'à l'heure exacte où elle se suicidait, le beau peintre italien pour lequel elle avait eu un coup de cœur trois jours plus tôt, lors d'un vernissage, s'apprêtait à sonner à sa porte rue d'Orchamps. Et puis, il n'avait pas osé déranger la star. Quel scénariste aurait osé inventer ça !

Évidemment, je m'engageais à avoir l'accord des héritiers, à ce que toutes les réponses de la légende défunte soient des phrases réellement prononcées ou écrites de son vivant, et à avertir le spectateur de l'utilisation de l'IA par un déroulant plein écran au début de l'émission.

Après France Télévisions, je suis allé au CNC pour trouver un complément de financement. Refus absolu. Mon programme n'étant ni de la fiction ni du documentaire, ils ne pouvaient rien faire. J'ai eu beau leur dire qu'ils étaient là justement pour aider ce type de programme innovant, ils ne voulaient rien entendre. Ils me disaient : « Ça ne rentre dans aucune de nos catégories. Le problème, c'est que c'est nouveau. » C'était le triomphe de la bureaucratie, Courteline et bientôt Kafka. Finalement, le patron, Dominique Boutonnat, est intervenu en leur demandant de me donner une aide, ce qu'ils ont fait en traînant des pieds.

Les difficultés n'allaient pas s'arrêter là.

Quand le premier « Hôtel du Temps », celui consacré à Jean Gabin, a été projeté aux directeurs de France Télévisions, tous ont été stupéfaits. Après les félicitations d'usage, Diego Buñuel, éphémère directeur des programmes, a expliqué que Jean Gabin était « trop service public » et qu'il n'intéressait plus personne. Compte tenu des scores des rediffusions des films de Gabin et de l'âge moyen des téléspectateurs de France Télévisions, on pouvait en douter, mais tout le monde s'est rangé à son avis. « Gabin » en attente, nous avons alors fabriqué « Dalida ». Mais l'Arcom a qualifié le programme, non pas de « fiction » ou de « documentaire », mais de « divertissement ». Quand on sait la suite de drames qu'a été la vie de Dalida, c'était bien trouvé ! Mais cette nouvelle classification nous interdisait toute aide du CNC pour réaliser « Coluche ». Décidément, les ronds-de-cuir ne me facilitaient pas le travail. Il a fallu que je me batte deux mois pour obtenir une requalification en « fiction » auprès de l'Arcom.

Tout ça pour produire la première émission au monde faisant appel à l'intelligence artificielle ! Au pays de la French Tech ! La start-up nation !

Nul n'étant prophète en son pays, surtout en France, je me suis alors tourné vers les USA. Warner a immédiatement acheté le format pour le monde. En l'améliorant : ce ne serait plus le Ardisson local qui interviewerait Gabin, Coluche ou Dalida, mais Lennon par McCartney, John Belushi par Dan Aykroyd, Heath

Ledger par Jake Gyllenhaal, etc. Malheureusement, à peine la production du premier numéro lancée, les acteurs d'Hollywood se sont mis en grève pendant trois mois contre l'utilisation de l'intelligence artificielle.

En France, j'étais sur le point de produire « Hallyday » après « Coluche », quand France 2 a arrêté la série.

Décidément.

Trop en avance et mal adapté au marché, « Hôtel du Temps », c'était le Concorde.

Finalement, la seule chose que j'ai gagnée dans cette affaire est une nomination aux Emmy Awards.

Serge monte le son et envoie les varilights. Ambiance night-club dans le studio. On est à New York, au One Of A Kind, le soir des Emmy. Peaux bronzées à des milliers de kilomètres de là, champagne hors de prix et parfums suaves : les femmes sont belles, les hommes sont chics. Audrey éclate de rire en renversant la tête. Je fête ma meilleure émission. Seul contre tous.

Sampler : *Empire State Of Mind* / Jay Z & Alicia Keys.

Catherine :

— Reviens avec nous, Thierry !

15

Les faux parents

— Et maintenant, j'accueille Renée et Victor Ardisson !

Mes parents sont grands, élancés, très classe. Elle porte une jupe corolle en seersucker, tee-shirt blanc, plaid parme sur les épaules, ballerines assorties. Lui, c'est blazer bleu roi, foulard dans la chemise, pantalon crème, mocassins marron glacé. Ils descendent les marches comme s'ils avaient fait ça toute leur vie.

Renée :

— Ça va, mon chéri ?

— Ce soir, ça part un peu dans tous les sens mais, sinon, ça va…

— J'ai l'impression que tu as de bons invités, non ?

— J'essaye. Ça fait un bail qu'on s'est pas vus… Vous rentrez de Megève ?

— On est revenus pour toi.

— Le chalet ?

— Depuis que ton frère et toi êtes partis, c'est trop grand ! Trois cents mètres carrés ! Qu'est-ce que tu veux qu'on en fasse ? Ta mère se sent seule…

— Titou ! Titou ! Titou !

C'est mon frère qui arrive du fond du studio en hurlant. Il s'appelle Patrick, mais on l'appelle Patou. Et lui m'a surnommé Titou.

— Arrête tes conneries, Titou ! Tu vois bien que ce ne sont pas nos vrais parents ! Tu les as trouvés où, ceux-là ?

— C'est la prod qui les a castés.

Mon faux père et ma fausse mère se défilent discrètement par l'arrière du studio.

— C'est quoi, cette histoire ?

— Tu sais bien… Les parents pathétiques… L'enfance minable… Je t'ai raconté, quand ils me ramenaient d'Arêches au collège Saint-Michel à Annecy, le dimanche après-midi, je ne comprenais pas pourquoi nous roulions en Dauphine et pas en DS19… pourquoi nous n'habitions pas dans une de ces maisons de maître au bout d'une allée d'arbres… pourquoi les salades de tomates sur une table de camping au bord de la route en allant à la mer… pourquoi les serviettes sur le sable plutôt que les matelas de la plage privée…

— Pour nous, c'étaient de bons moments…

— Tant mieux.

— Oui, mais là, maintenant, à ton âge, après ce que tu as fait, t'as plus besoin d'inventer de faux parents !

— Je ne pouvais pas croire que j'étais né dans cette famille. J'étais persuadé qu'il y avait eu une erreur à la maternité… ou que j'avais été adopté… J'imaginais que j'avais une autre famille, quelque part et qu'on me le dirait un jour…

— Et, pour moi, t'as pas trouvé de faux frère ? Tu n'as rien à me dire ?

— Si. Je ne t'ai jamais demandé pardon pour la grange du père Jacquet…

Previously.

C'était en 1959, j'avais 10 ans, lui 6. Nous habitions une carte postale : Arêches, en Savoie où trônait le Grand Mont, avec ses airs d'Eiger. La vie, c'était la luge sur la Boule de Gomme en hiver, les barrages sur l'Argentine en été. On allait manger la crème fouettée framboise au Bersend. Je lisais dans *Kiwi* les aventures de Blek le Roc, le trappeur, du petit Roddy et du professeur Occultis. On chassait les corbeaux avec des arcs en noisetier et des flèches au bout desquelles on attachait des clous. On jouait aux cow-boys et aux Indiens. Un jour où Patou et moi étions les deux seuls survivants des combats, il s'est réfugié dans la grange du père Jacquet, au premier étage, en passant par la trappe utilisée pour faire tomber du foin dans la mangeoire.

Là, pour la première, mais pas la dernière fois de ma vie, je ne sais plus si je suis dans la vraie vie ou dans un film. Je suis au « cinémoi ». Je deviens réellement Pou Rêveur, le farouche guerrier cheyenne, celui à qui il incombe de sauver sa terre contre les Visages pâles. Je décide de mettre le feu à la grange du père Jacquet pour enfumer mon frère, Tom Parson, le shérif, et l'obliger à sortir. Ce qu'il finira par faire, asphyxié par l'épaisse fumée du foin humide…

Dix minutes plus tard, les pompiers arrivaient au son du tocsin.

— Pardon, Patou.

— T'as failli me tuer, mais ça t'a coûté l'internat chez les curés à Saint-Michel, à Annecy !

— Réveil 6 heures du matin, matelas renversé sur le parquet, et moi avec, si je ne me levais pas, douche froide, fenêtres ouvertes, messe en latin, tous les jours, avant un bol de faux chocolat et du pain rassis… J'ai appris la discipline. Ça m'a aidé quand j'ai décroché de l'héro… Mais ce que l'épisode de la grange du père Jacquet m'a d'abord valu, c'est trois semaines en colonie de vacances à Sospel, au-dessus de Nice. Les parents avaient promis qu'ils viendraient me voir chaque week-end. Ils ne sont revenus qu'un mois plus tard, pour me ramener à la maison… J'étais perdu. Pour la première fois, j'étais seul au monde. Je m'en suis jamais remis.

La colo à Sospel a été le deuxième traumatisme de mon enfance. Le premier avait été mon éloignement du foyer familial à la naissance de mon frère. Ma mère voulait se décharger de moi, le temps que tout rentre dans l'ordre. J'avais 4 ans, j'ai été envoyé à Peynier-Rousset, en Provence, où mon grand-père, Marius, était le chef d'une gare où aucun train ne s'arrêtait jamais.

La jalousie de voir arriver un rival auprès de ma mère s'est trouvée décuplée par mon exil forcé.

Quand j'ai vu le nouveau-né pour la première fois, j'ai dit : « Il est pas beau ! »

— Allez, Titou, appelle nos parents !

— Et maintenant, j'accueille les vrais Renée et Victor Ardisson !

Sampler : *Le Loir-et-Cher* / Michel Delpech.

Le public :

— « On dirait que ça te gêne de marcher dans la boue / On dirait que ça te gêne de dîner avec nous. »

Mon père est sur un fauteuil roulant, avec une perf dans le bras. Il a trop longtemps fait les 3 x 8 dans des tunnels, sur des barrages ou des autoroutes. Et quand il a été directeur, c'est le stress qui l'a bouffé. Et quand il a été à la retraite, c'est le cancer. Il a mis le costume bleu marine qu'il gardait pour les enterrements. Ma mère porte une robe provençale marine à pois blancs. Elle est allée faire une permanente. Elle a son beau collier.

— Ça fait un bail qu'on ne s'est pas vus… Vous arrivez du Lavandou ?

— On est revenus pour toi.

— Bormes ? La maison ?

— On est beaucoup plus à l'aise que dans le studio du Lavandou, c'est sûr… Ta mère s'y fait très bien !

Previously.

À la Libération, Victor et Renée, alias Vic et Micky, faisaient partie de la même bande de zazous à Juan-les-Pins. Il avait 20 ans, elle 15. C'était l'époque où Glenn Miller remplaçait « Sambre-et-Meuse ». Vic faisait des claquettes sur les tables au Bar des Amis. Un tabac ! Une vedette, comme on dit dans le Midi. Micky apprenait à danser le swing. Ce furent sans doute les meilleures années de leur vie.

Vic peignait des céramiques dans les ateliers de Vallauris. J'ai encore son autoportrait sur un cendrier posé sur une étagère du cabinet de curiosités qui me tient lieu d'appartement. Quand il a épousé Micky, il a fallu qu'il travaille sérieusement et il s'est fait embaucher dans les travaux publics. Pas une vocation, mais il finira par trouver sa place. À partir de là, au gré des grands chantiers des Trente Glorieuses, Vic et Micky, bientôt avec mon frère et moi, allions déménager tous les deux ou trois ans, le temps d'une escale : Oran pour la reconstruction de la base de Mers-el-Kébir, Chamonix pour le tunnel sous le Mont-Blanc, Fontainebleau pour l'autoroute du Sud, Salon-de-Provence pour le canal de la Durance…

Quand je m'étais habitué à un climat, à un lieu, à une école, à une bande, mon père arrivait un soir et disait : « On s'en va. » Ma mère fondait en larmes. On allait chercher les caisses à la cave. Il y en avait une pour chaque usage : le poste de radio, la machine à laver, la vaisselle, les livres. Et on déménageait.

Je n'ai pas d'amis d'enfance.

Mais le drame, c'est à la mort de mon grand-père, Marius, le père de mon père, quand sa femme, ma grand-mère, Marie-Louise, est venue habiter avec nous. Vic n'a pas su dire non. Micky refusait cette situation de toutes ses forces. Elle s'enfermait dans la salle de bains en menaçant de se suicider. Vic donnait des coups de poing dans la porte. Mais, abandonnée à l'âge de 6 ans par sa mère dans un magasin de jouets, élevée par un père délaissé, elle-même maman à 19 ans, elle était psychologiquement fragile, elle n'a pas osé divorcer. Et puis, à l'époque, comme la plupart des femmes, elle ne travaillait pas, elle n'avait légalement même pas droit à un carnet de chèques, comment faire avec deux gosses ? Elle a quand même obtenu que Marie-Louise ne vive pas complètement avec nous.

Ce fut pire.

La pauvre vieille avait une pièce au bout du couloir, qui lui servait de chambre, de cuisine et de salon. Bouffée par l'arthrose, elle vivait au rythme de ses « douleurs », que mon père devait masser avec une pommade camphrée dont l'odeur, aujourd'hui encore, me serre le ventre. Seuls contacts familiaux, le soir devant la télé. Les disputes partaient avec la violence et la vitesse d'un feu de pinède, avé l'accent, et parfois carrément en patois provençal pour Vic et sa mère. Crises. Pleurs. Bref, l'enfer sur terre.

Tout ça évidemment sans argent. Pas la dèche, non, mais des fins de mois « un peu justes », comme disait ma mère.

Sampler : *Les vacances au bord de la mer* / Michel Jonasz.

Si on avait eu de l'argent, on aurait pu louer un petit appartement pour Marie-Louise. Mais non, il fallait accepter la situation avec une résignation toute chrétienne. On n'est pas sur Terre pour s'amuser, mais pour gagner notre place au Ciel. Les premiers seront les derniers. Un peu comme l'autre joue qu'il faut tendre. Bonne blague.

J'ai fui tout ça à 17 ans et je suis revenu dix ans plus tard.

À mon retour, j'avais compris que, malgré son incapacité à nous organiser une vie harmonieuse, mon père m'avait légué : Fred Astaire, Walt Disney, Gene Kelly, Marilyn Monroe, les Marx Brothers, Burt Lancaster, Cab Calloway, Ava Gardner, Lauren Bacall, Clark Gable, Cyd Charisse, Cary Grant, Busby Berkeley, Rita Hayworth, les Nicholas Brothers, les grands prêtres de cette religion universelle, l'hollywoodisme, dont le Vatican est Los Angeles et à laquelle il croyait. Plus le sens de l'humour qu'il m'avait fait découvrir avec les chansonniers, Darras & Noiret, Poiret & Serrault, Roger Pierre & Jean-Marc Thibault, Pierre-Jean Vaillard,

Pierre Doris, Robert Rocca... Et le goût de l'info avec Europe n° 1 qu'il écoutait dès 1955 et *Paris Match* dont la collection complète suivait nos pérégrinations dans ses caisses. Ma mère, c'était plutôt Chopin, Tchaïkovski, Voltaire.

Des parents, finalement.

— À part ça, comment ça va, papa ?

— Tu sais, je suis mort il y a vingt ans... La santé, c'est plus mon problème...

— Et toi, maman ?

— Je ne sais pas comment je vais... Je ne sais plus... J'ai tout oublié... Mes cachets m'abrutissent. Il me semble que je ne te voyais pas beaucoup les derniers temps !

Sampler : *Mother* / John Lennon.

— Maman ! Je me tapais quatre heures de train pour Bormes, à l'arrivée tu me prenais pour mon frère ! Et tu disais que je venais pour prendre ton argent, alors que je payais des infirmières, jour et nuit, pour s'occuper de toi.

— Il n'y a pas que l'argent ! Heureusement que ton frère était là pour passer du temps avec moi... Pourquoi as-tu essayé de nous cacher tout à l'heure ? Tu as honte de nous, c'est ça ?

— Pourquoi t'as fait ça, fiston ?

— Je ne savais pas si vous pourriez venir. J'avais prévu un plan B. Produire, c'est anticiper. Bon, il faut que je continue, là…

Ma mère sanglote.

— Pleure pas, maman !

— Et pourquoi pas ? Mon fils cache ses parents et il ne faudrait pas pleurer ? Qu'est-ce qui s'est passé, nitchou ? Qu'avons-nous fait pour être traités comme ça ?

— Vous vous êtes saignés aux quatre veines pour nous, oui, je sais… Mais m'enfermer sur le balcon, à l'âge de 3 ans, dans le froid, pour ne plus m'entendre crier quand j'avais mes crises d'eczéma, c'était pas très maternel… J'aurais surtout aimé que papa ait eu le courage de régler le problème de sa mère. Une enfance plus… cool, voilà.

— Et nous, tu crois pas qu'on aurait aimé avoir une vie plus… « cool », comme tu dis ? Quand on a acheté la maison à Bormes, au moment où on aurait pu être tranquilles, ton père est tombé malade. C'est « cool » ? Le problème, c'est que tu es égoïste, égocentrique, que tu t'es toujours pris pour le centre du monde ! Le Paon, comme t'avaient baptisé les pères du collège Saint-Michel. Un Paon qui fait la roue ! Voilà ce que tu es…

— Si je n'avais pas été ambitieux, je serais journaliste à *La Montagne*, à Clermont-Ferrand : c'est ce que vous vouliez !

— Tu serais peut-être directeur !

— On a quand même eu des bons moments…

— Le jour où tu as voulu prouver que tu pouvais marcher sur l'air et que tu es tombé dans une douve du château de Lunéville... tu m'as fait une de ces peurs ! Tu étais infernal !

— Quand *Sergent Pepper* est sorti, je t'ai fait écouter « *She's Leaving Home* » et je t'ai traduit les paroles. L'histoire d'une ado qui quitte le foyer familial en douce, au petit matin. Tu as pleuré. Et tu pleurais chaque fois que tu l'entendais. Et moi, j'étais tellement heureux que tu aimes les Beatles...

Sampler : *She's Leaving Home* / The Beatles.

— Tu te souviens, maman, quand tu m'as annoncé la mort d'Otis Redding comme celle d'un membre de la famille...

Elle sanglote à nouveau.

— Je t'aime, maman.

— Il était temps que tu me le dises.

Mon père écrase une larme.

— Je te remercie pour le bouquet de chrysanthèmes devant le caveau de famille à Beaulieu, tous les ans, pour la Toussaint.

— J'ai sur ma table de nuit le crucifix en acajou et en nacre au pied duquel tu priais à genoux tous les soirs.

— Et moi ?

— Toi, maman, tu as préféré faire jeter tes cendres derrière l'église de Bormes-les-Mimosas ! Trop peur de te retrouver pour l'éternité dans le caveau de famille avec ta belle-mère. On n'en sort pas de cette histoire.

Catherine, dans l'oreillette :

— L'audience, c'est la cata ! Vous avez rien d'autre à vous dire ? Là, c'est pas top !

— Quand ils étaient vivants, c'était déjà difficile... Alors, maintenant... Mais bon, j'ai le droit de parler à ma mère quand même ! Ça te dérange pas ? Si ?

— Dis-moi, fiston, dans ton émission « Hôtel du Temps », tu avais ressuscité Jean Gabin... Tu pourrais le faire revenir, là ? J'ai toujours rêvé de le rencontrer...

Son hollywoodisme n'empêchait pas Vic de vénérer le cinéma français des années 50 : Duvivier, Verneuil, Delannoy, Autant-Lara... Je me souviens qu'il lisait les génériques jusqu'au bout et qu'il était incollable sur toute une génération de seconds rôles : Julien Carette, Jules Berry, Robert Dalban, Saturnin Fabre, Jean Tissier, Francis Blanche, Paul Frankeur, André Pousse, Marcel Dalio, Pierre Larquey, Jean Bouise, Alfred Adam, Dominique Zardi, Michel Constantin... Quand je regarde un film, il m'arrive souvent de l'arrêter pour vérifier sur Wikipédia le nom de tel ou tel. Mon père regrettait l'époque où il y avait des scénaristes et des dialoguistes. C'est vrai qu'aujourd'hui, le manque d'Henri Jeanson, d'Aurenche & Bost ou de Michel Audiard se fait cruellement sentir. *Le Président*, où Gabin est président du Conseil, était son film culte.

— Et maintenant, j'accueille Jean Gabin !

Musique, lumière, applaudissements : Gabin, version deuxième carrière, embonpoint, cheveux blancs, costume croisé gris perle, cravate bleu ciel, pochette assortie, descend majestueusement l'escalier jusqu'au plateau. Standing ovation du public. Il salue avec bonhomie.

Baffie :

— C'est le vrai ou c'est de l'intelligence artificielle, comme Noah tout à l'heure ?

Gabin :

— À ton avis, mon garçon ?

Là, vu l'autorité du ton, il semble évident à tout le monde que ce Gabin est bien l'authentique.

— Alors, Monsieur Ardisson, fier de votre fils ?

— Oui. Il a bien réussi ! Et j'ai bien aimé l'émission qu'il a faite sur vous. J'ai retrouvé des films moins connus comme *Rue des Prairies* ou *La nuit est mon royaume*... Mais votre meilleur film, c'est votre vie !

— Ce qui m'a fasciné quand j'ai fait votre « Hôtel du Temps », Jean, c'est qu'en 1940, quand le cinéma français tombe dans les mains de la Continentale, la boîte de production créée par les nazis, vous refusez d'y travailler !

— Et on était pas nombreux, on était trois : Jean-Pierre Aumont – on comprend pourquoi, son vrai nom était Salomons – Jean Marais et moi !

— Vous partez à New York, puis à Los Angeles où vous vivez une histoire d'amour avec Marlene Dietrich !

— Dans la maison de Greta Garbo !

— Vous auriez pu passer la guerre planqué, mais vous quittez Marlene qui était folle de vous, vous traversez l'Atlantique sur un navire militaire, vous êtes attaqués par la Luftwaffe au large de Gibraltar, vos cheveux blanchissent en une nuit, comme Marie-Antoinette – après la guerre, on vous appellera Coton Tige – et vous vous engagez dans la 2e division blindée du général Leclerc, chef de char !

— Je vois que vous connaissez vos classiques ! Pour un claustro comme moi, les chars, c'était pas l'idéal… Mais bon, on a fini à Berchtesgaden, le Nid d'Aigle de Hitler, et on lui a sifflé toutes ses bouteilles de blanc à l'autre con !

Mon père est heureux et ma mère est heureuse de le voir heureux.

— Bon, on va y aller, nous…

— Sinon, ça va nous faire trop tard…

— Courage, fiston !

— Ne reste pas dix ans sans nous appeler, nitchou !

Sampler : *In The Mood* / Glenn Miller.

En entendant son morceau préféré, Vic tente de se lever de son fauteuil roulant, mais il retombe lourdement. La perfusion s'est débranchée. Micky appelle au secours.

16

Gabin engueule Bolloré

Catherine, dans l'oreillette :

— Les flics débarquent, Thierry !

Deux flics genre *Starsky & Hutch* arrivent du fond du plateau. Jeans, blouson, anneau dans l'oreille. J'aurais préféré le monocle de Paul Meurisse.

Serge, dans les ordres :

— Bascule lumière !

Le plateau devient complètement noir, sauf un projo très puissant sur moi. Tout est prêt pour l'interview-interrogatoire façon « Descente de Police ».

Premier flic :

— Bonsoir, Monsieur Ardisson !

Second flic :

— On a juste quelques questions à vous poser et, après, on vous laissera tranquillement continuer votre émission.

Premier flic :

— Avez-vous une idée de qui pourrait être l'auteur ou le commanditaire du coup de feu ?

Baffie :

— Christine Angot !

Rires du public.

— Dans ma position, on n'a pas que des gens qui vous veulent du bien !

Second flic :

— C'est-à-dire ? Un mari cocufié ? Un associé trompé ? Un concurrent jaloux ?

Premier flic :

— Cyril Hanouna ?

Gabin, hors de lui :

— Ah ! C'est quoi, ces flics en carton ! Vous commencez à me courir sur le haricot, les deux guignols ! Et pourquoi pas Marc-Olivier Fogiel, tant que vous y êtes ? Ou Dechavanne ? Ou Ruquier ? Si vous prenez tous les animateurs avec qui Ardisson s'est embrouillé, on n'est pas sorti de l'auberge ! On vient pas faire chier quelqu'un en plein direct pour lui demander si Cyril Hanouna pourrait vouloir sa mort ! Cyril Hanouna veut la mort de tout le monde ! Vous avez compris ? Et puis, dans les films bien faits, cette scène des poulets qui interrogent la victime arrive à l'hosto, au réveil du blessé ! Et ce, malgré les tentatives d'obstruction de l'infirmière… Ah ! On est loin d'Henri Verneuil !

Premier flic :

— Monsieur Ardisson, excusez-nous. On a retrouvé la lettre de menace de mort dans la poche de votre costume, dans la loge. Voyez-vous quelqu'un qui avait des difficultés pour entrer en France ?

— Alexis, le chauffeur de salle que j'ai viré, celui qui voulait être moi, il m'avait envoyé des menaces de mort…

Premier flic :

— On nous en a parlé. On a vérifié. Il est en prison à Miami pour usurpation d'identité et extorsion de fonds. Peu de chances qu'il soit revenu. Rien d'autre ?

— Eh bien… Si, peut-être, une fois, à l'époque, je faisais « Salut les Terriens ! » pour la chaîne C8 du groupe Bolloré… Cette semaine-là, nous avions dans l'émission le témoignage d'un homme d'affaires français qui avait été séquestré au Qatar, après un différend avec un associé local. Son récit donnait une image déplorable des méthodes de l'émirat. Sous prétexte de conserver de bonnes relations avec les autorités qataries au moment où le groupe Canal signait un accord de partenariat avec BeIN Sports, on m'a demandé de couper au montage « l'interview du businessman ». Je me suis enquis de savoir ce qui m'arriverait si je ne le faisais pas. Le numéro 3 du groupe m'a répondu qu'il faudrait que je fasse attention en traversant la rue…

Gabin :

— Bon, ben, on va tirer ça au clair ! Ça va être vite fait !

— Et maintenant, j'accueille Vincent Bolloré !

Les deux flics disparaissent.

Musique, applaudissements, lumière, Vincent Bolloré, en compagnie de son confesseur, en soutane et scapulaire, descend l'escalier qui mène au plateau. Il a grossi, le petit prince du cash-flow. Il a un peu de mal à s'installer sur l'assise haute. Il salue tout le monde avec sa légendaire fausse humilité.

— Bonsoir, Vincent !

Gabin :

— Bonsoir, Monsieur Bolloré ! Avant de parler des menaces que mon ami Thierry a reçues lorsqu'il travaillait pour votre groupe, je voudrais vous dire une bonne chose : le président François Mitterrand a créé Canal + pour aider le cinéma français, pas pour vous permettre de faire fabriquer des films conformes à votre idéologie de grenouille de bénitier ! La censure catho-radicalisée que vous imposez au cinéma français est intolérable !

— Tu aurais refusé que Canal finance *Grâce à Dieu* de François Ozon parce qu'il était question de pédophilie chez les curés !

— Je ne peux pas non plus être au courant de tout…

— StudioCanal m'a dit que tu n'as pas voulu financer mon film, *Les Amants du Palace*, parce qu'on voyait des clubbeurs faire l'amour dans les toilettes ! Des hommes avec des barbes et des moustaches, habillés en crinoline ! Et ensuite, tu as ordonné à mes associés de Nolita qui produisaient le film avec moi de me racheter mes 50 % de la société s'ils voulaient obtenir des financements de Canal pour leurs projets suivants. J'ai vendu par amitié pour eux. T'es content, Dexter ?

— Pas sûr que vous auriez financé *La Belle Équipe*, Monsieur Bolloré ! D'ailleurs, y a-t-il un grand film ou une grande série de votre règne sur Canal qui restera dans l'histoire ?

— Ça suffit ! Jean Gabin est mort huit ans avant la création de Canal ! C'est ridicule !

— Tout le métier est au courant de votre censure, Monsieur Bolloré, mais personne ne dit rien. Les acteurs, les réalisateurs, les producteurs, tous collaborent car ils sont terrifiés à l'idée de ne plus être financés par Canal ! Tout le monde se tait ! Vous avez réinventé le cinéma muet !

— À commencer par tous ces acteurs woke ou racisés qui jouent dans des pubs ou participent à des émissions pour Canal et qui ne savent peut-être pas que tu es le gourou de CNews, la chaîne pour laquelle les punaises de lit, c'est la faute des immigrés.

— Ce sont mes enfants et Maxime Saada qui s'occupent de tout ça. Vous n'êtes pas sans savoir que j'ai pris ma retraite. D'ailleurs, ça marche beaucoup mieux que quand j'étais là ! Moi, je donne des conseils… Je ne suis jamais qu'un petit patron breton qui a eu la chance de réussir à redresser l'entreprise familiale !

— Garde ton biniou pour l'Arcom, Vincent ! Certes, ton père fabriquait du papier à rouler en Bretagne, mais il était très ami avec Georges Pompidou. Ta mère était la fille de Nicole Goldschmidt, issue de la grande banque juive européenne et très proche d'Edmond de Rothschild. Le petit Breton, c'est plutôt François Pinault. Ton père était en classe avec le célèbre banquier Antoine Bernstein, qui t'avait tant aidé et que tu as exécuté lors d'un conseil d'administration de Mediobanca. Froidement, à bout portant, façon De Niro dans *Irishman*… Tu étais à l'école avec Martin Bouygues et ça ne t'a pas empêché de lancer un raid contre TF1 qui lui a coûté 240 millions d'euros. C'est Pinault qui a été obligé de remettre de l'ordre… Nous nous connaissions depuis quarante ans et tu n'as pas hésité à me virer sans indemnités, quinze jours avant la fin de la saison, après treize ans sur Canal et C8 ! Tu n'as pas eu le courage de me l'annoncer toi-même. Tu n'as pas voulu négocier ! Je t'ai attaqué. Ça a duré cinq ans, mais j'ai gagné. Trois millions d'euros.

— Vous savez, je m'occupe surtout de philanthropie désormais…

— Tu te promènes partout avec ton confesseur, tu restaures des abbayes, tu portes sur toi des images de saints et des médailles de saintes. Tu crèves de trouille de finir en enfer ! Ne serait-ce que pour les gosses africains de 14 ans qui trimaient dans tes plantations d'hévéas au Cameroun et que tu payais 1 euro par jour, c'est bien possible.

— Vous savez, il y a trois époques dans la vie : le learning, le earning et le giving. J'en suis au giving, fini tout ça…

— Alors, donne-moi ce que tu me dois pour m'avoir piqué le concept de Free One, ma chaîne en direct 24/24, que tu as transformée en Direct 8, puis en C8, et qui t'a permis d'obtenir Vivendi, donc Canal ! Pillard et fier de l'être, tu t'en es vanté devant Bertrand Méheut, l'ancien boss du groupe Canal au sortir de ton bureau, avenue Hoche, tu t'en souviens ? Lui, oui.

Previously.

J'avais eu l'idée d'une chaîne de télé généraliste pour les ados, sur Canal Satellite : « Free One, la 1re télé libre ». En direct, 24/24. Les émissions s'appelaient « Free News », « Free Rap », « Free Sex », « Free Gay » et les speakerines, les « Free Mousses » ! Un MTV qui parlait de tout... À l'époque, j'étais associé à Lagardère et pour lancer ma chaîne, qu'évidemment je voulais mondiale, j'avais signé un accord avec Sony Pictures à Los Angeles. Le problème, c'est quand le staff de la major a débarqué à Paris, en découvrant les directeurs de Lagardère, ils n'avaient qu'un mot à la bouche : « *Schmoks* ». Faut dire qu'ils étaient gratinés, les Frenchies ! Heureusement, j'avais la parade : Arnaud ! Précédé d'une image de wonderboy, Arnaud Lagardère était sur le point d'arriver des États-Unis, tous les espoirs étaient permis. Lui allait faire le poids face à Sony. Mais après dix minutes de rendez-vous, un soir, rue de Tilsitt, j'avais compris : le fils de Jean-Luc était une catastrophe. Comment pourrais-je encore être monarchiste après avoir vu ce que l'hérédité pouvait donner ? Pour remplacer Arnaud Lagardère, j'étais allé voir Vincent Bolloré. Il avait regardé le pilote de Free One en famille sur le *Paloma*, au large de Saint-Tropez. Il n'avait pas aimé, trop déjanté, mais il avait piqué l'idée du live 24/24 et il avait fait Direct 8.

Bolloré, recomptez vos doigts après lui avoir serré la main !

— Vincent, quand tu t'es emparé du groupe, tu as commencé par basculer « Salut les Terriens ! » de Canal sur C8, la chaîne d'Hanouna, et tu t'es étonné que l'émission soit moins rentable. C'est pourtant clair : Dior, Chanel, Mercedes et tous mes annonceurs de Canal ne voulaient pas se retrouver sur la chaîne des nouilles dans le slip ! Celle de l'animateur qui souffle dans le cul des chiens ! J'ai vite compris que je ne ferais pas long feu sur C8 le jour où j'ai croisé Hanouna qui, après m'avoir répété que j'étais son frère, son ami, m'a dit : « Tu sais, Thierry, je t'aime beaucoup ! J'ai dit à Vincent de te garder l'année prochaine ! » Ce jour-là, j'ai compris que j'étais viré. Problème budgétaire. Franchement, Vincent, à quoi ça sert d'être milliardaire si tu peux pas te payer Ardisson ?

— C8 était la 1re chaîne de la TNT !

— C8 avait perdu 768 millions d'euros depuis le lancement, 48 millions d'euros par an ! Tu pourrais remercier l'Arcom qui t'a fait faire des économies !…

Mais le pire, c'est d'avoir confié des émissions politiques à Hanouna, comme les Khmers rouges avaient donné des mitrailleuses à des enfants de 12 ans. À la moindre critique, il menace de mort : décidément, c'est une culture d'entreprise !

Mais le mieux, c'est Munich ! Un jour, dans une émission de télé, j'ai dit, concernant l'inculture de Cyril Hanouna, à qui tu offrais quatre heures d'émission politique par jour, que, pour lui, Munich était la capitale de la Bavière. Le lendemain, Baba s'esclaffait sur l'antenne d'Europe 1 : « J'ai vérifié sur Wikipédia, Munich est bien la capitale de la Bavière ! Quand je pense qu'Ardisson veut nous donner des leçons ! Thierry, je t'aime beaucoup, tu le sais, mais franchement tu me fais de la peine… » Le soir même, j'envoyais un SMS à Cyril : « Sur Munich, tu n'as pas compris la référence à Chamberlain et Daladier en 1938. On parle d'esprit "munichois". Je t'expliquerai. » Réponse : « Je suis plus Bataille et Fontaine. » Réplique : « C'est bien ce que je voulais dire ! »

Catherine dans l'oreillette :

— Ça suffit, là !

— Quand j'ai voulu produire « Paris Dernière » avec Daphné Burki sur C8, on m'a expliqué qu'il fallait coproduire avec la société d'Hanouna, H2O, dont je n'avais évidemment pas besoin. Tentative de racket.

Souvent, après la diffusion et la facturation d'une émission au prix convenu, tes cost controllers appelaient pour demander 20 % de remise. En cas de refus, la menace était de ne plus travailler ensemble. Je répondais systématiquement que, vu ce type de comportement, je m'en passerais volontiers. Tentative de racket.

Catherine :

— Bon, ça va, Thierry. Arrête !

— Au revoir, Monsieur Gabin ! Au revoir, Vincent !

Là, bercés au rythme de chants mariaux, dans une lumière céleste, douze angelots raphaéliens descendent des cintres pour venir escorter Vincent Bolloré dans sa remontée de l'escalier, précédant son confesseur.

Gabin, regardant la scène :

— Comme disait Audiard, ces trucs-là, y a que les cons et les curés qui y croient !

Il sort par l'arrière du studio.

— Vincent, quoi que tu fasses, tu iras en enfer ! C'est trop tard pour ton rachat !

En m'entendant dire le mot « rachat », Vincent Bolloré se fige et se retourne, intéressé, vers le plateau, mais son confesseur lui conseille de continuer sa montée au ciel. Puis, le prêtre fait face au plateau à son tour et, à voix haute :

— Pardonnez-leur, Seigneur, ils ne savent pas que désormais le Saint-Esprit a remplacé l'esprit Canal !

Le public, à l'unisson :

— Amen !

17

L'Homme invisible

Un mec dans le public :

— Hey, Thierry, y va venir, Cyril ? T'as pris une bastos dans le cigare, frère ? Lui qui voulait te fumer, ça va être la grosse *darka* ! Aujourd'hui tu files 5 000 balles à un petit, tu fais dézinguer qui tu veux !

Un autre mec dans le public :

— Moi, j'y crois pas à sa mise en scène ! Un gros mytho ! Ardisson, il est fini et il sait plus quoi faire pour faire de l'audience ! Guillon, l'autre bâtard, il avait dit que ce gros bouffon se faisait mettre des fausses larmes dans les yeux quand il faisait ses interviews de cassos sur Canal… Tombe pas dans son piège, frère !

Le premier mec dans le public :

— Y va venir, Cyril ?

— Je ne pense pas. On va regarder une interview qu'on avait faite tous les deux, pour les dix ans de « Salut les Terriens ! ». J'avais imaginé qu'il était définitivement viré de la télé.

L'autre mec dans le public :

— Une rediffusion ? Même pas cap d'affronter Cyril ! T'as jamais rien fait que de la merde !

— Magnéto, Serge !

Sampler : *On ne bouge pas pendant le jingle !*

Méline m'apporte un mug de champagne.

Magnéto archives. Cyril Hanouna dans « Salut les Terriens ! ». Costume rose, barbe blanche, grimé en vieillard, il descend l'escalier.

— Bonsoir, Cyril !

— Salut, mon Thierry ! Tu sais que je t'aime, toi !

— Cyril, ça fait plusieurs années que l'on ne vous a pas revu à la télévision. Je voudrais que l'on revienne ce soir sur l'émission qui vous a coûté votre carrière. On regarde.

— Bonsoir, mes petites beautés ! Nous sommes à quelques semaines des élections présidentielles, et j'ai décidé de lancer « Touche pas à mon... »

Le public :

— ... politique !

— Et pour cette première émission, je reçois Thierry Solère, conseiller spécial du président de la République !

Solère entre sur le plateau. Le public applaudit. Il serre la main de Cyril et s'assoit.

— Thierry Solère, député des Hauts-de-Seine, conseiller spécial du Président, bonsoir ! Vous, chez vous, vous

*pouvez réagir à tout ce qu'il va dire ce soir, sur Facebook et sur Twitter. On va parler de tout. On va parler chômage, on va parler économie, on va parler affaires étrangères, on va parler de tout ce qu'attendent les Français, mais Thierry Solère, la première question que j'ai envie de vous poser ce soir, c'*est *: « Est-ce que sucer, c'est tromper ? »*

Rires du public.

— Cyril Hanouna, moi, je vous aime beaucoup, je suis venu sur ce plateau pour parler de politique. Moi, je suis député de la République, donc, pardon, mais je crois qu'on ne s'est pas bien compris… Je n'ai rien à faire dans une émission où c'est ça, le ton !

— Ça va… Pète un coup ! Ça va…

— Vous savez, c'est important la représentation nationale. Les gens croient en des choses. Il y a des députés qui représentent des Français ! On s'est croisés régulièrement, moi j'ai aucun problème avec vous, mais vous m'avez expliqué qu'on faisait une émission politique. Voilà, moi, je suis pas venu pour répondre à ce type de questions.

— Alors, est-ce que sucer, c'est tromper ?

— Merci à vous.

Le député se lève et quitte le plateau sous les huées du public.

— Belle mentalité ! Voilà, c'est ça la France ! La rassrah *!*

— Hénaurme *scandale, Cyril ! Là, tout le monde vous tombe dessus : « Comment peut-on poser une telle question à un conseiller spécial du Président ? »*

— La boulette.

— Là, vous êtes viré. C'était très dur à ce moment-là. Vous avez morflé. Certains fans tentent de lancer le mouvement « Touche pas à mon Tunisien », ça n'a pas pris. Vous disparaissez. Qu'est-ce que vous avez fait pendant toutes ces années ? Ça a dû être extrêmement difficile, non ?

— Très difficile, oui. Heureusement, y avait ma femme, elle m'a retrouvé comme elle m'avait connu.

— C'est vrai que, pendant un temps, vous vous êtes caché au Pakistan ?

— Oui, à Islamabad.

— Vous vous êtes dit, là-bas, personne va me reconnaître !

— Et personne ne m'a reconnu.

— Vous tentez à l'époque de vous reconstruire et, là, vous avez une intuition : vous vous dites que, pendant des années, les gens vous avaient confondu avec les Pakistanais qui vendaient des roses à 1 euro dans les restaurants. Pour vous, c'est un signe ! « Mon avenir est là ! » Et vous vous lancez dans la vente de roses à 1 euro dans les établissements parisiens…

— Ça a été un carton tout de suite !

— Là, vous rachetez les magasins Au nom de la rose, puis Monceau Fleurs…

— Et Interflora !

— C'est marrant parce que vous étiez le Bonaparte de la Télévision, et vous devenez le Napoléon de la Rose !

Est-ce que vous êtes nostalgique de l'époque « Touche pas à mon poste » ?

— Non, plus du tout. Je suis bien dans les roses.

— Et si c'était à refaire ?

— La même chose.

— Vous reposeriez la même question à Thierry Solère ?

— Oui, je suis plus heureux maintenant. Au fond de moi, j'avais envie d'arrêter... Je jouais un jeu. Je n'étais pas moi-même.

— Cyril, le jour où vous allez mourir, qu'est-ce que vous voulez qu'on écrive sur votre tombe ?

— Qu'est-ce qu'on est serré au fond de cette boîte !

Rires du public.

Fin magnéto.

Applos. Quelques « À mort ! ». Rien de grave.

Catherine, dans l'oreillette :

— On ne peut pas faire que des redifs ! Faut que tu trouves un truc, mon petit Thierry ! Vite !

— Et maintenant, j'accueille l'Homme invisible !

La prod lui a donné un feutre noir et des gants blancs pour qu'on le situe. Musique. Lumière. Applos. Il descend le grand escalier et vient s'asseoir.

— Homme invisible, bonsoir !

— Bonsoir à tous, mes petites beautés ! Salut, mes chéris ! J'ai pensé à vous ! Vous savez que je vous aime !

— Cyril ? Cyril Hanouna ! Mais tu es devenu invisible !

— M'en parle pas, frérot ! Avec tout le mal que je m'étais donné pour être connu et, maintenant, plus personne ne me voit ! À quoi ça sert d'aller à Saint-Tropez, devant chez Sénéquier, en Lamborghini, avec une blonde, le jour où l'Arcom décide de l'avenir de C8, si t'es invisible ? Je peux même plus faire de la publicité clandestine pour les fringues de mes potes…

— Fais de la radio !

— Je suis déjà sur Europe 1 !

Baffie :

— Entre dans les services secrets !

— Je pourrais faire des hold-up !

— Ça, tu l'as déjà fait chez Bolloré !

— Ça t'est arrivé comment ?

— L'Arcom, frère… Ils étaient tous jaloux de moi, de ma maison, de mon bateau, de ma réussite, de ma nouvelle femme. Ils sont aigris. C'est la grande *rassrah* !

— Et Kelly, elle vit ça comment ?

— Elle me préfère comme ça.

Le feutre noir et les gants blancs s'estompent peu à peu jusqu'à disparaître. L'Homme invisible est vraiment invisible.

Sampler : *Survivor* / Destiny's Child.

Flash rose bonbon ! Carillon céleste ! Miracle : soudain Cyril Hanouna apparaît en chair et en os sur son tabouret ! Costume gris. Cravate. Gilet. Boutons de manchette.

— Comment vas-tu, cher Thierry ?

— T'es plus invisible ?

— J'ai déjoué l'Arcom !

— Ton nouveau look ?

— Oui. Et maintenant, sur W9, plus question de cracher sur mes concurrents, de faire la promo de l'extrême droite ou de menacer tout le monde de mort.

— Tu ne pourras plus prôner une justice plus expéditive, sans avocats, pour les coupables avérés ?

— Non.

— Tu ne pourras plus t'en prendre à l'athéisme car il peut choquer les croyants ?

— Non.

— Tu vas faire quoi, alors ?

— Aucune idée…

Baffie :

— De la thune.

Cyril Hanouna disparaît pour de bon.

18

Le fan qui a assassiné Lennon

— On en est où avec John Lennon ?

Catherine, dans l'oreillette :

— Il ne veut pas venir si Yoko n'est pas avec lui ! Tu les connais…

— C'est comme ça qu'elle a eu la peau des Beatles ! Toujours scotchée à lui ! Même en studio !

— On a un sosie si tu veux…

Sur le plateau, le public s'impatiente.

— Le sosie de Lennon, je l'ai eu dans « Autant en emporte le Temps ». La ressemblance est époustouflante, mais l'interview décevante puisque c'est écrit…

— Yoko, on l'a eue dans « Lunettes noires pour nuits blanches »…

— C'était pour une expo Fluxus, le mouvement artistique conceptuel auquel elle appartenait… On avait fait une « Auto-Interview ».

— Elle avait pas dit grand-chose… Sur sa responsabilité dans la séparation des Beatles, je me souviens qu'elle avait lâché : « Si c'est le cas, je dois être une femme très puissante ! En fait, ils étaient arrivés au bout de leur travail ensemble... Et n'oubliez pas que notre couple a duré plus longtemps que les Beatles ! »

— Sur la condamnation à mort de Mark Chapman, l'assassin de Lennon, elle était partagée entre son humanisme et sa haine. Elle a fini par dire que son exécution ne ramènerait pas John...

Dans le public qui s'impatiente, des sifflets. Les gens ont peur de rater le dernier métro. Certains veulent partir.

— T'inquiète, Catherine ! Tu vas comprendre pourquoi Yoko et John ne sont pas venus ce soir. Ils ont appris que Chapman, l'assassin de Lennon, serait là. En exclusivité !

— Tu fais chier ! J'ai Biolay qui attend. Il fait la gueule.

— Biolay fait toujours la gueule. Et maintenant, j'accueille Mark Chapman !

— Tu crois vraiment que la police des frontières va laisser entrer Chapman sur le territoire français ?

Il avait 25 ans à l'époque des faits, il en a 69. L'ado grassouillet a laissé place à un vieillard obèse. Il descend lentement l'escalier. Il s'installe péniblement sur le tabouret. Il tremble...

— Mark Chapman, bonsoir !

— *Good evening!*

Baffie :

— Pourquoi t'as pas tué Ringo ?

Quelques sourires dans le public, dont l'agacement est palpable. Beaucoup sont rentrés. Serge filme les endroits où l'assistance est encore dense.

Catherine, dans l'oreillette :

— Thierry, Chapman attend...

— C'est toute sa vie, d'attendre ! D'abord Lennon devant le Dakota et, maintenant, la fin de sa captivité !

— Tu me fatigues, ce soir !

— Mark David Chapman, vous êtes né le 10 mai 1955 à Fort Worth, Texas. Le soir du 8 décembre 1980, à New York, devant le Dakota Building à Central Park, vous avez assassiné John Lennon de cinq balles calibre 38 dans le dos. Vous avez été condamné à la prison à perpétuité, mais, depuis 2000, tous les deux ans, vous pouvez demander à être libéré en conditionnelle. Ce qui vous a toujours été refusé.

— Pourtant, je suis guéri. Les démons sont partis. Je vis dans la paix du Christ.

— Qui vous a soigné ? Sûrement pas l'administration pénitentiaire ! Vu que vous avez choisi de plaider « coupable » et pas « irresponsable », elle ne vous a jamais traité.

— C'est le Seigneur qui m'a guéri ! Je regrette mon geste. Je vais bien.

— Tout le monde était prêt à vous accorder l'irresponsabilité. Pourquoi avoir plaidé coupable, contre l'avis de vos avocats ?

— Je ne voulais pas passer le restant de mes jours dans un hôpital psychiatrique : c'est plein de démons là-bas ! Et puis, j'étais coupable. Donc, prison !

— À l'isolement !

— J'ai toujours été seul.

— Vous étiez venu une première fois à New York le 30 octobre 1980, mais vous aviez renoncé à abattre Lennon. Le 8 décembre aussi, dans l'après-midi, une fois que Lennon vous a dédicacé son album, *Double Fantasy*, vous renoncez et vous repartez... Pourquoi ne pas l'avoir tué à ce moment-là ?

— Sa gentillesse ! Après le disque, il m'a dit : « C'est tout ce que vous désirez ? » J'ai changé d'avis...

— Pourquoi être revenu au Dakota à 22 heures ?

— Les démons étaient revenus dans ma tête ! Ils me disaient d'y aller.

— John et Yoko arrivent du studio à 22 h 52. Il gare la limousine contre le trottoir, pas dans la cour. Quand il passe sous l'arche, derrière Yoko, vous le mettez en joue et vous tirez cinq fois. Une balle perfore l'aorte. Il s'effondre.

— Il répétait : « Je suis touché ! »

— Là, vous enlevez votre manteau et votre chapeau. Vous vous asseyez et vous attendez calmement l'arrivée de la police en lisant *L'Attrape-Cœurs* de Salinger. Pourquoi ?

— Je suis le héros du livre, Holden Caulfield ! Lui, c'est moi et, moi, c'est lui !

— Donc, vous vous retrouvez à la prison d'Attica…

— Dans *Some Time In New York City*, Lennon a écrit une chanson qui s'appelle « *Attica State* », c'est un signe !

Son rictus n'est pas rassurant.

— Pourquoi avoir tué Lennon ?

— J'étais son plus grand fan ! Je connaissais sa vie et ses chansons par cœur ! Il était mon héros ! J'ai même épousé une Hawaïenne d'origine japonaise ! En tuant Lennon, c'est moi que j'ai tué.

— Mais pourquoi ?

— Lennon avait trahi la cause ! Il chantait la paix et la fraternité, mais il vivait comme un milliardaire à Central Park. Quand tu penses qu'il nous vendait un monde sans différence, sans rivalité et qu'il habitait un immense appartement au Dakota. Et puis, il a également trahi le Seigneur en déclarant que les Beatles étaient « plus populaires que le Christ » ! Ça, j'ai pas supporté. Il y a aussi eu « *Imagine no religion* »…

— Ça ne mérite pas la mort !

— Lennon chantait l'amour, mais il était incapable d'en donner à ses proches. Il a viré son ami Pete Best, le premier batteur des Beatles pour le remplacer par Ringo Starr. Il trompait et frappait sa première femme, Cynthia. Il l'a avoué dans *Playboy* en 1980 : « Je me battais avec les hommes et je frappais les femmes. » Après son départ du foyer familial, il ne donnait à Cynthia et à leur fils, Julian, que l'argent nécessaire pour l'école et les fringues ! Quand il repassait à la maison, il engueulait le môme et lui mettait des tartes dans la gueule sous prétexte qu'il se tenait mal à table !

— Ensuite, il s'est bien comporté avec Yoko, non ?

— Si bien qu'en 1973, ne supportant plus ses coucheries, elle l'a envoyé à Los Angeles et l'a mis dans les bras de May Pang, l'une de leurs assistantes, qui est vite devenue sa maîtresse... Ça a duré dix-huit mois, jusqu'à ce qu'il revienne gratter à la porte de Yoko...

— C'est ce qu'on a appelé « *The Lost Week-End* » !

— Comme vous le savez, Thierry, il a été accusé d'avoir tué un homme à Sankt Pauli, à Hambourg, au tout début de leur carrière...

— Pete Best m'a assuré dans « Lunettes noires » qu'il l'avait juste détroussé. Vous, vous seriez capable de tuer quelqu'un à nouveau ?

— Qui vous dit que ce n'est pas moi qui ai tiré sur vous ce soir ?

Il rit. Toujours aussi fou, puisque jamais soigné.

— Catherine, le mec qui a tué Lennon ! Classe, non ?

— C'est bien lui ! Les flics sont avec nous en régie. Ils vont débarquer sur le plateau pour l'arrêter...

— Pourquoi moi, Mark ?

— Christine Angot ! J'ai vu une interview d'elle sur YouTube où elle expliquait comment vous traitiez les femmes dans vos émissions ! Ignoble !

Starsky & Hutch, les deux flics de tout à l'heure déboulent sur le plateau. Ils se saisissent de Chapman qui ne résiste pas plus qu'au Dakota et l'emmènent vers la sortie de secours.

Catherine, dans l'oreillette :

— La chaîne nous donne dix minutes de plus. Ça fait minuit dix !

— J'ai besoin d'un prêtre.

19

Gorbatchev fait la pub de Pizza Hut

Sampler : *Stach Stach* / Les Bratisla Boys.

La musique monte en puissance. Le boum-boum des basses me frappe les tempes. D'un coup, dans un épais nuage de neige carbonique, déboulent dix matelots de la marine soviétique qu'on dirait tout droit échappés du sous-marin *Koursk* !

Sampler : *Back in USSR* / The Beatles.

Cris. Arrosage au champagne. Pétards qui tournent. Pur chaos télévisuel.

Michaël Youn et ses sbires s'emparent de moi et m'amènent de force sur le plateau d'à côté, où Julien Lepers présente « Questions pour un champion/ Spécial Saint-Cyr ». Tout ça en direct avec deux caméras HF à l'épaule. Youn et ses potes veulent absolument me foutre à poil devant le public de Lepers. Ils finissent par m'attacher à une colonne lumière.

Youn :

— Te voilà séquestré à ton tour, l'Homme en Noir ! Tu te souviens du jour où je faisais une de tes émissions à la Plaine Saint-Denis ?

— Tu devais chanter : « Fous ta cagoule » !

— Le tournage était très en retard, je voulais partir...

— Sans avoir fait ta chanson !

— J'avais un gala à Saint-Raphaël le soir même ! Avec un max de thunes ! Et pour toi, c'était gratuit.

— Promo, mon pote !

— Tu as refusé de me laisser partir, tu m'as fait enfermer dans ma loge ! Prisonnier de la prod. Et j'ai pas fait le concert à Saint-Raphaël. Tu vas le payer. Tu vas souffrir.

Heureusement, j'ai la présence d'esprit de rappeler à Julien Lepers à quel point j'adore la chanson qu'il a écrite pour Herbert Léonard, « Pour le plaisir », la chanson des départs en vacances au soleil, avec la queue de tigre accrochée au rétroviseur ! Je lui chante le premier couplet. Il leur demande de me détacher. On repart dans mon studio.

— Alors, Michaël, sympa, la nouvelle : « Stach Stach ». Je trouve que ça donne une image sympa du stalinisme.

— C'est pas l'idée !

Previously.

Mon père m'a toujours dit : « Si tu vois un mec risquer sa vie en sautant le mur de Berlin d'Ouest en Est, deviens communiste. Tant que c'est d'Est en Ouest, ne sois pas communiste. » Alors, en 1981, quand j'ai vu arriver Mitterrand avec quatre ministres communistes, directement associés à Moscou, puisque l'URSS existait encore, je suis allé dîner chez Giscard – qui venait de perdre les élections – pour voir ce que je pouvais faire pour lui, ce qui prouve que je ne suis pas arriviste. J'ai commencé par lui dire que son départ de l'Élysée était la nouvelle la plus triste pour moi depuis la séparation des Beatles !

Giscard, se penchant alors vers un assesseur : « Ah bon, les Bitolles se sont séparés ? »

Né dans une famille profondément anti-stalinienne, je n'avais pas attendu *La Cuisinière et le Mangeur d'hommes* d'André Glucksmann, en 1975, et la vulgarisation de la nouvelle philosophie par Bernard-Henri Lévy ensuite, pour mettre dans le même sac nazisme et communisme. Les deux étaient des totalitarismes. En 1975, les punks du Gibus qui arboraient une croix gammée sur le revers droit de leur Perfecto et une faucille plus un marteau sur le revers gauche ne disaient pas autre chose que Hannah Arendt.

André Glucksmann faisait partie d'une organisation appelée « Internationale de la Résistance » dont l'ambition était de défendre les « *refuzniks* », les dissidents russes. Le président était Vladimir Boukovski et, à ses côtés, siégeaient Raymond Aron, Eugène Ionesco, Jorge

Semprun, Philippe Sollers ou Simone Veil. Je proposais de les rejoindre pour les aider dans leur communication.

Ma première contribution fut de créer un disque 45 tours, une rondelle de vinyle où la chanson de Claude François « Si j'avais un marteau » était transformée en : « Si j'avais un marteau, je cognerais le jour... Si j'avais une faucille, je construirais la nuit... Je bâtirais un camp, barbelés électriques, et j'y mettrais ton père, ta mère, tes frères et tes sœurs... Ho ! Ho ! Ce serait le bonheur ! »

Le plus dur était à venir.

À l'époque, raconter la réalité soviétique était encore blasphématoire pour une grande partie de l'intelligentsia parisienne. Si les dirigeants de Virgin étaient prêts à produire le disque, aucun artiste ne voulait prendre le risque de critiquer l'URSS de Brejnev en chantant ma parodie. J'ai posé la question à tous. Personne.

Seul Daniel Darc, ex-Taxi Girl, peut-être parce que la famille Rouzom avait beaucoup souffert du tsar, de Hitler et de Pétain, a fini par dire oui.

Mais à condition que personne ne sache que c'était lui qui chantait.

Sampler : *Si j'avais un marteau* / Daniel Darc.

Je sens une main dans mes cheveux, une caresse sur la joue, un baiser sur mes lèvres. Audrey est arrivée par l'arrière du plateau.

— Oh, mon amour ! T'es là !... Pourquoi t'as pas pris le grand escalier avec la lumière, la musique et les applos ? T'as fini la valise pour l'Italie ?

— Non. Mais tu es fou ! Pourquoi tu m'as rien dit quand je t'ai appelé au début de l'émission ? Et Catherine non plus... Je veux être avec toi, moi.

— Je voulais pas t'inquiéter, *my love*. Je voulais finir. Je t'aurais appelée après, pour savoir où on se retrouvait.

— *The show must go on*, je sais... Ton père est mort à Hyères pendant que tu faisais « Tout le monde en parle », je sais... Tu n'y es allé que le lendemain, je sais... Non, mais là...

— Tu l'as su comment ?

— C'est un monteur de « Sept à Huit » qui m'a prévenue ! Il venait de voir l'info sur LCI... Comment tu te sens ?

— Je vais aller au bout de l'émission. J'ai plus beaucoup d'invités. On peut dîner au Relais Plaza après si tu veux... Je fais réserver la table As, celle de Balladur !

Elle éclate en sanglots.

Je l'embrasse sur la bouche.

Le baiser dure des siècles.

Sampler : *Il mondo* / Jimmy Fontana.

Baffie :

— C'est pour le Guinness Book des records ?

Le public rit et applaudit.

Audrey s'estompe et disparaît.

— Et maintenant, j'accueille Mikhaïl Gorbatchev !

Catherine, dans l'oreillette :

— Il n'est pas là, son avion est en retard. Soit on rediffuse son interview, soit on annule. Ça fera gagner du temps !

— Magnéto, Serge !

Sampler : *On ne bouge pas pendant le jingle !*

Magnéto archives. Gorbatchev dans « Tout le monde en parle ».

— Voici Mikhaïl Gorbatchev !

Entrée sous les applaudissements. Il s'assoit et donne à sa voisine le verre qui est devant lui.

— Vous buvez seulement un petit peu de bière, n'est-ce pas ?

— Ah non, je bois tout. Vous savez, c'en est fini avec la lutte contre l'alcool en Russie.

— Mikhaïl Gorbatchev, merci d'avoir choisi « Tout le monde en parle » pour la sortie de votre livre Dialogue pour la Paix, *aux Éditions du Rocher. Vous savez comment on fait ?*

Démonstration du rituel.

Gorbatchev s'exécute. Il agite ses mains ouvertes de chaque côté de son visage sur la musique de la Régie française de publicité.

— *Vous avez été le dernier président de l'URSS, prix Nobel de la Paix en 1990 pour votre contribution essentielle à la fin de la guerre froide !*

— *Vous avez tout juste.*

— *Vous dites dans votre livre : « On peut dire que le communisme total a subi une défaite totale. » Est-ce que cette idée que le « communisme total » était mauvais pour la Russie, vous l'aviez depuis longtemps ou est-ce que vous l'avez réalisé quand vous êtes arrivé au pouvoir ?*

— *Au départ, j'y croyais. Quand j'ai commencé à faire de la politique au Parti, plus j'accumulais d'informations, plus je comprenais que ce système ne fonctionnait pas. Le modèle était mauvais. Cela dit, j'avais quand même des illusions, je pensais que j'arriverais à améliorer le système et j'ai passé mes deux premières années au pouvoir à y croire. Mais le modèle était toujours là et toujours aussi rigide. J'ai compris qu'il fallait le remplacer. Ce n'est pas l'idée socialiste qui a subi un échec, c'est le modèle précis du communisme imposé par les bolcheviks qui a connu un échec cuisant. Et c'est comme ça que la perestroïka a commencé. C'était en 1988.*

— *À ce moment-là, vous voulez revenir à ce qu'on appelle « le communisme à visage humain », c'est-à-dire le socialisme. Mais vous aviez ouvert la boîte de Pandore et, une fois que vous avez donné quelques libertés aux gens, la glasnost, la perestroïka, l'URSS implose et vous en perdez le contrôle. Un peu comme Louis XVI quand il a accepté la convocation des états généraux et que la situation lui a échappé. Est-ce qu'aujourd'hui on ne vous félicite pas pour quelque chose, non pas que vous avez fait, mais que vous n'avez pas pu empêcher ?*

— Vous savez, j'aurais pu ne rien faire du tout et je serais encore secrétaire général du Parti communiste d'URSS à ce jour. Mais quand je suis devenu le leader de ce pays, j'ai commencé à rendre le pouvoir au peuple. C'était ça mes idées, la démocratie, l'ouverture, la liberté. Cela a fait bouger la Russie tout d'abord et le monde ensuite. Je le faisais en pleine connaissance de cause. On peut dire que j'ai laissé agir l'histoire.

— Il n'y a jamais eu, en URSS, de procès de Nuremberg, comme il y en a eu à la chute de l'Allemagne pour juger les criminels nazis. Est-ce que vous ne regrettez pas que cela n'ait pas été fait ?

— Je ne pense pas qu'on puisse mettre un point d'égalité entre le stalinisme et le fascisme. Ce n'est pas la même chose.

— Vous ne croyez pas que mourir au goulag, c'est comme mourir à Auschwitz ?

— Pour moi, ce sont quand même deux histoires différentes. Cela dit, le stalinisme est quelque chose d'insupportable. Staline a imposé sa vérité avec le goulag, avec les prisons, avec des tueries de masse… C'est grâce à cela que le pays a été industrialisé. C'est vrai qu'il y a eu beaucoup d'acquis, mais est-ce que le jeu en valait la peine ? On a payé pour cela avec le sang de millions d'innocents. C'est

Khrouchtchev qui a commencé à critiquer le système et c'est moi qui ai achevé le travail.

— Dans tous les cas, Mikhaïl Gorbatchev, on ne peut pas dire que vous vous soyez enrichi au pouvoir. Votre fortune en 1998 était estimée à 2,8 millions de francs, que vous avez déposés dans une banque qui a fait faillite. Et vous dites aujourd'hui : « Les nouveaux riches russes dépensent en une nuit ce que je gagne en une année. »

— En fait, à l'heure actuelle, j'ai des dettes vis-à-vis de ma banque.

— Mais où est passé le million de dollars du prix Nobel ?

— Ça a été dépensé en partie pour le projet de Raïssa, un centre de lutte contre la leucémie d'enfants. Et puis, pour le reste, j'ai fait construire des hôpitaux dans la région de Tchernobyl et en Ouzbékistan. Bref, ça a été dépensé dans le médical.

— Et voilà ce que vous êtes obligé de faire pour gagner votre vie. Magnéto, Serge !

Spot de pub « Pizza Hut ouvre sur la place Rouge », avec Mikhaïl Gorbatchev.

— Alors, pourquoi faire une publicité pour Pizza Hut quand on a été le chef de l'URSS ?

— Comment voulez-vous que je fasse ? J'ai été obligé de faire de la publicité pour assurer le quotidien.

— Comment aimeriez-vous mourir ?

— Quand mon heure viendra, c'est Dieu qui décidera.

— Est-ce que vous croyez en Dieu ?

— *Non.*
Fin magnéto.

Applos.
Catherine, dans l'oreillette :
— Thierry, tu m'entends ? Parce que là, on perd tout le monde ! On s'en est toujours sortis mais, ce soir, c'est la totale ! C'est beaucoup trop long… On aura jamais fini à minuit !
— Je me fous de tes problèmes d'audience ! Moi, ça m'intéresse !
— On fait de la télé pour les gens, pas pour nous !
— Je ne suis pas un enfant de la télé, je suis un enfant de l'ORTF ! Le service public doit être l'école du peuple ! *No Culture, no Future!*
— Ça va être gai !
— Le boulot des producteurs doit être, justement, de spectaculariser la culture ! La rendre digeste et captivante ! On n'attrape pas les mouches avec du vinaigre !
— C'est toujours le même débat : donner aux gens non pas ce qu'ils aiment, mais ce qu'ils pourraient aimer…
— Même une téléréalité peut être éducative : si elle se passe dans la Rome antique et si les candidats sont obligés de respecter le style de vie et les croyances de l'époque ! *In Rome, do as the Romans do!*
Le public s'impatiente, ulcéré par ces apartés qu'il n'entend pas.

— Dis-moi, vu ton audience et ton état, tu veux pas qu'on arrête là, mon petit Thierry ?

— Non, mais ça va pas, non ! Quel état ? Qu'est-ce qu'il y a qui va pas ? Elle a quoi de pas bien, cette émission ?

— Tu fais rien de ce qui était prévu dans le conducteur ! Tu n'en fais qu'à ta tête ! J'ai dix invités qui attendent depuis deux heures en loge… Je fais quoi, moi ?

— « J'en fais qu'à ma tête » ? Non, mais t'as vu le casting qu'on a ! Je rêve !

— Oui, tu rêves ! Je te le dis professionnellement et amicalement : arrête !

— C'est ça, oui, on continue ! J'accueille…

— Arrête !

— Tu peux rentrer si tu veux !

— C'est pas ce soir que je vais te laisser seul…

— T'as pas compris que si j'arrête, je meurs ?

20

Brad Pitt au bout du fil

Mon téléphone sonne. Je ne l'ai jamais coupé dans « Tout le monde en parle ». Je prenais les coups de fil qui arrivaient. Et, souvent, je passais mon interlocuteur à Baffie pour qu'il l'achève.

C'est Brad Pitt en FaceTime vidéo.

Brad :

— *Hi, Thierry!*

— Salut, Brad !

— Excuse-moi, j'aurais aimé être là, surtout ce soir. Matt Damon et Don Cheadle aussi. Mais on est sur *Ocean 14*. Un animateur qui se fait tirer dessus sur un plateau, c'est la première fois ! Ça fait la une des news ici ! Tous les journaux ouvrent avec ça ! Tu te souviens, pour la promo du *13* quand tu nous avais demandé si on voulait des filles et de la drogue, pour notre séjour à Paris ? C'est la première fois qu'on entendait ça à la télé ! On était sur le cul !

— Je te parle pas de ton divorce, Brad ?

— Quand on traverse l'enfer, il faut avancer… Salut, Thierry ! Bon courage pour la fin de ton émission ! Si tu es croyant, prie le Seigneur !

— Il risque de passer.

— Ah, au fait, j'allais oublier, je t'ai pas dit : Paramount et Columbia adorent tes idées de séries ! Il faudrait que tu viennes ici en discuter avec eux !

— *Young Romans* ?

— Oui, j'en ai parlé à Paramount. Ils aiment beaucoup l'idée d'un péplum ni hollywoodien ni satirique, juste une bande de teens romains sur un campus de rhétorique, à quelques semaines du sac de Rome par les barbares. La chute de l'Empire, ils trouvent ça tout à fait d'actualité !

— *Nirvana* ?

— Columbia pense qu'une série qui raconterait l'aventure hippie peut recréer de l'intérêt pour la spiritualité orientale et répondre à beaucoup de questions fondamentales que se posent les jeunes aujourd'hui… Le mec va t'appeler. Bon, cette fois, je m'arrache. Salut, Thierry !

— Salut, Brad ! Ça me fait du bien ce que tu me dis…

J'ai les larmes aux yeux.

— Laurent, je te passe Brad Pitt ?

— J'ai pas les moyens.

21

Le retour de mon double

Sans avoir été annoncé, un type de ma corpulence descend en boitant l'escalier qui mène au plateau. Pas de musique, ni lumière, ni applos. Plus il s'approche, plus je prends conscience de ce qui m'arrive : c'est moi, enfin, mon double ! Mais il porte une tunique indienne, il a les cheveux sur les épaules, chauve sur le dessus, visage parcheminé, dents jaunes. Un vieux junkie.

— Bonsoir ! Qui es-tu ?

— Toi !

— T'es là pourquoi ?

— Pour en finir avec toi.

— Pourquoi ?

— Tu m'as abandonné au Laos, à Vientiane, en 1975.

— T'es malade !

Catherine, dans l'oreillette :

— Là, on y comprend plus rien !

Previously.

En 1974, comme pour Ios quelques années plus tôt, j'avais quitté Paris et la pub pour écrire. Je vivais une vie de hippie de luxe à Bali. Le terminus de la Route. L'endroit le plus branché du monde. À des années-lumière des séjours tout compris Tripadvisor ou des AirBnb du surtourisme d'aujourd'hui. Revoir Bali quarante ans après a été l'une des pires souffrances de ma vie. À l'époque, je menais la *easy life* dans une grande maison au bord de la mer, avec tout un tas de *beautiful people* venus du monde entier. On passait nos journées à se faire masser et à se défoncer en écoutant de la musique. Ça commençait au réveil avec les omelettes aux champignons hallucinogènes du *breakfast* dans un petit warong de Kuta, à cinq kilomètres de là. Après quelques Kreteks, leurs cigarettes au clou de girofle, le retour à Legian à moto était une aventure dangereusement psychédélique ! Ensuite, on s'installait jusqu'à la nuit sous la véranda : haschich, cocaïne, héroïne, dans cet ordre ou dans un autre. Les shoots avaient lieu dans la grande chambre.

Ce dérèglement des sens au cœur de la magie de l'Île des Dieux nous rendait paranos et superstitieux. Les signes envoyés par les démons du volcan se multipliaient. À commencer par Evelyn sur qui un corbeau s'était posé la veille et qui avait fait une fausse-couche le lendemain matin…

Sampler : *gamelan balinais.*

C'est là que je me suis accroché à l'héro.

L'avantage avec l'héro, c'est qu'on a plus envie de manger, de boire, de baiser, de rien. Ça soigne tout. L'inconvénient, c'est qu'on s'accroche au médicament. Au début, on en prend pour être bien et, après, pour pas être mal. Bref, j'étais dans la poudre.

Je suis finalement parti de Bali, mais la blanche m'a vite rattrapé. Je me suis retrouvé à Bangkok, à l'Oriental Hotel. Là, les junkies n'ouvraient la porte de leur chambre que pour prendre le room service ou rendre le plateau. Le reste du temps, rideaux tirés, ils se shootaient sur leur lit avec la meilleure came du monde. Pour la plupart, des déserteurs du Vietnam qui comptaient sur l'héro pour oublier le napalm.

Sampler : *Search and Destroy* / The Stooges.

Après Bangkok, direction le Laos, Vientiane. Si Pondichéry, c'est Versailles sous les palmiers, Vientiane, c'est Issoire au bord du Mékong. Les bornes kilométriques étaient rouges et blanches. Les épiciers vendaient encore du savon Le Chat, de la Javel La Croix et de l'huile Lesieur. La Brasserie La Paix, la Coupole locale, proposait des steaks au poivre avec des frites. L'Hôtel Constellation, le QG des correspondants de la guerre d'Indochine, avait gardé les boîtes aux lettres *Time*, *Life*,

Paris Match dans le hall d'entrée. Vientiane, capitale du « double dépaysement », ce sentiment particulier qui naît en découvrant les traces du colonisateur dans le monde, qu'elles soient françaises au Laos, italiennes en Érythrée, anglaises en Inde ou allemandes en Namibie…

C'est là que j'ai goûté à l'opium et à ses rites, dans des fumeries installées sur des péniches arrimées aux rives du Mékong. Mais l'effet de l'héro était plus rapide et plus fort. Elle a gagné.

J'étais un junkie.

J'avais plus de blé. J'ai demandé à Madame Hennequin de la Société Générale, rue du Pont-Neuf, de m'avancer de quoi m'acheter un Vientiane-Bangkok-Paris. Et je me suis cassé. J'ai sauté du train en marche avant qu'il aille trop vite.

Après un an de junk parisienne, un jour de manque où j'étais pressé d'aller chez mon dealer, à moto, sans permis, fonçant sur un trottoir, zigzaguant entre les petites vieilles, j'ai décidé d'arrêter. Je suis allé décrocher en Californie. Là-bas aussi, il y avait de l'héro, mais je ne savais pas où.

Sur le plateau, mon double camé me regarde sans me voir, l'esprit perdu dans son nirvana en poudre.

— Je t'aurais abandonné à Vientiane ?

— Tu m'as jeté comme un gosse capricieux qui veut plus de son jouet. Monsieur avait décidé de passer à autre chose.

— Je t'ai dit de rentrer en France et d'aller voir le docteur Olivenstein à l'hôpital Marmottan.

— Parce que tu crois que ton toubib m'aurait apporté la chaleur humaine dont j'avais besoin ? Et puis, je n'avais pas de banque prête à me payer un billet d'avion, moi. Pour avoir ma dope, j'ai commencé par taper des expats, et puis je me suis installé avec « May Pang », je l'appelais comme ça. Une pute, la quarantaine, qui avait un studio dans un immeuble sur la route de l'aéroport. « *No money, no honey* », c'était son mantra et elle se faisait du blé. Je passais mes journées à manger des Vache-qui-rit dans un fauteuil de camping sur le balcon au-dessus du parking. Le reste du temps, planqué dans la salle de bains, je la regardais faire ses passes. Moi, il y a longtemps que je ne baisais plus.

— Tu n'existes pas ! Tu n'es pas Thierry Ardisson, tu es Louis de Vallanges, le héros de mon roman *Rive Droite* ! Je raconte ça !

— Tu as parlé de moi dans un bouquin... Et alors ? Tu m'as abandonné à Vientiane en 1975. Je me suis enterré chez May Pang, mais je ne suis pas mort, tu vois ?

— C'est vraiment toi qui as tiré ?

— Oui.

— Mais ce n'est pas un meurtre, c'est un suicide ?

— D'une certaine façon. T'avais raté deux suicides. J'ai réussi le troisième.

Previously.

Ma première tentative de suicide, c'était dans le studio où je vivais, rue de Savoie, au Quartier Latin, en arrivant à Paris. J'avais 20 ans. La fille que j'aimais voulait retourner à Avignon pour retrouver mon rival, Alain Emery, le bel acteur de *Crin Blanc*. Je ne connaissais personne. Je n'étais d'aucune coterie. Réussir à Paris, c'était l'Everest, mais ce qui m'attendait, c'était le Golgotha. Je préférais mourir que de ne pas y arriver. Je voulais aller en Concorde à New York et dormir à l'hôtel Pierre. Je voulais être riche et célèbre. Je voulais vivre avec talent. Mais je ne savais pas comment faire…

Des années plus tard, je poserai à Daniel Filipacchi la question de savoir ce qu'il avait fait pour réussir ? « Tout ce que je pouvais », m'a-t-il répondu.

J'ai mis mon avant-bras gauche dans la baignoire remplie d'eau chaude et, avec une lame de rasoir, je me suis tailladé les veines du poignet. J'ai toujours la cicatrice. Et la mémoire des rosaces dessinées par le sang.

La fille d'Avignon est repassée chez moi, elle avait oublié son rouge à lèvres, elle m'a sauvé la vie.

C'est là que le psychologue de l'hosto m'a dit : « Si vous voulez, on peut soigner vos angoisses et vous rendre normal. »

J'ai dit non.

Aucune envie d'être comme tout le monde.

Le deuxième suicide, c'est en partant décrocher de l'héro en Californie. Escale à New York. Au Chelsea

Hotel, celui d'Hendrix, de Keith, de Sid, le temple de la junk, avec son hall surchargé des peintures pourries de clients qui ne pouvaient pas payer leur note, on comprend pourquoi. J'avais rien pris depuis une semaine, à part quelques cachets de Néo-Codion, un antitussif opiacé, en vente libre à l'époque. J'avais refusé les substituts sur ordonnance type Subutex. Je ne voulais pas médicaliser le problème. Ce n'était pas une maladie, c'était une connerie.

Mâchoire bloquée. Poings serrés. Ventre noué. Je souffre terriblement du manque. Je n'imagine pas sérieusement vivre une seconde de plus sans poudre. Soudain, je me précipite vers la fenêtre, prêt à sauter du huitième sur la 23e !

La fille d'Avignon me rattrape de justesse et me sauve la vie pour la deuxième fois.

Sampler : *Hold On, I'm Coming* / Sam & Dave.

— Ce soir, tu t'es pas raté ! Un suicide en direct à la télé : on en attendait pas moins de toi. T'as toujours eu le sens du buzz.

— La drogue t'a bouffé le cerveau ! T'es cinglé !

— Tu as toujours été mégalo ! Tu as toujours voulu laisser ton nom dans le dictionnaire. Tu n'as toujours pensé qu'à ta propre promotion. Tu as même fini par t'habiller toujours pareil pour être sûr qu'on te reconnaisse. Tu souffres d'un arrivisme exacerbé. T'as bossé toute ta vie comme un bulldozer en écrasant ceux qui te gênaient sur ta route. Mais ta réussite professionnelle n'est pas une excuse pour traiter de façon inhumaine les gens qui t'entourent. Pas plus que le fait d'avoir eu une enfance de merde et d'être arrivé à 20 ans à Paris avec cinquante balles pour tout bagage t'exonère de ta violence...

— Cinquante balles ! Et encore, ma mère avait dû supplier mon père pour qu'il me les donne ! Ils ne croyaient pas que j'allais y arriver ! Il fallait que je reste à ma place. L'anti-famille juive.

— Tu t'es construit une image, comme une mascotte de pub, comme le Géant Vert ou le cow-boy Marlboro ! L'Homme en Noir ! Le Paon, comme disaient les curés d'Annecy !

— Casse-toi, loser !

Les flics débarquent pour interpeller mon double.

— Dis donc, Catherine, si c'est lui qui a tiré, c'est pas Chapman !

Catherine, dans l'oreillette :

— Chapman dit que c'est pas lui. Contrairement au meurtre de Lennon, il n'a pas avoué. Qu'est-ce que ça lui coûtait de le faire ? Il est en prison jusqu'à la fin de ses jours. C'est ton double littéraire qui t'a tué ! T'as plus qu'une solution : Rita !

Sampler : *Lovely Rita* / The Beatles.

22
La fiancée de Jésus

— Et maintenant, j'accueille la sainte des causes désespérées, Rita !

Vêtue en nonne du XIVe siècle, dans la même lumière, avec la même musique, sous les mêmes applaudissements que tous les invités du samedi soir, sainte Rita descend l'escalier qui mène au plateau ! Pendant qu'elle vient s'asseoir sur son tabouret, on remarque l'essaim d'abeilles qui bourdonne autour de sa tête et son parfum, une odeur de sainteté.

— Margherita Lotti, dite Rita de Cascia et sainte Rita, depuis que Léon XIII vous a canonisée en 1900, bonsoir ! Rita, ces abeilles devant votre visage, elles étaient déjà là, autour de votre berceau…

— Dès le lendemain de mon baptême. Elles déposaient du miel sur mes lèvres. Un jour, un homme qui s'était blessé à la main a voulu les chasser, la plaie a été instantanément guérie !

— La lésion incurable sur votre front, c'est une épine de la couronne d'épines du Christ qui s'est détachée pour venir se planter là…

— Mais comment vous savez ça, Thierry ?

— Je sais tout !

Sampler : *Capitaine Flam, tu n'es pas de notre galaxie !* / Super Héros Invasion.

— C'est arrivé un jour où j'avais demandé à Dieu de partager les souffrances de Son Fils !

— On va souvent vous implorer avec Audrey à l'église Saint-Roch, rue Saint-Honoré !

— Oui, je sais… Audrey vient aussi parfois seule dans l'église qui m'est consacrée au 65, boulevard de Clichy, à Pigalle.

— Oui, elle habite Montmartre.

— Je suis au courant. J'essaie de vous aider tous les deux du mieux que je peux… Mais vous savez, si toutes les mamans de footballeurs venaient me voir pour les buts de leur fils, je n'aurais plus une minute à moi ! Et vous, Thierry, c'est pareil : je ne peux pas assurer des records d'audience à tous les producteurs de télévision du monde, le même soir !

Une femme, dans le public :

— Comment sainte Rita peut-elle perdre son temps avec des gens comme Ardisson ?

— Tous les enfants de Dieu méritent ma compassion… Vous allez en avoir besoin, Thierry ! Même la sainte des causes désespérées ne peut plus rien pour vous ! Vu la situation, seul Dieu peut encore quelque chose ! Je prie pour qu'Il vous envoie Son Fils !

Catherine, dans l'oreillette :

— Tu veux qu'on coupe en attendant Jésus ?

— Non, il va être là vite.

Serge, dans l'oreillette :

— Méline me dit qu'il est déjà dans le couloir.

Dans la même lumière, avec la même musique, sous les mêmes applaudissements que les autres invités du samedi soir, en Levis et Perfecto, Jésus descend le grand escalier !

Il vient s'asseoir à côté de sainte Rita.

Sampler : *Jésus, reviens* / Patrick Bouchitey.

— Jésus de Nazareth, bonsoir !

— Bonsoir à tous ! La paix soit avec vous !

— Alors, Jésus, d'abord, le look ! On est loin du barbu aryen, chevelure châtaine, yeux bleus et portant une tunique !

— Peu importe comment on me représente.

Sa peau est bistre, ses cheveux noirs, coupés courts, comme sa barbe. Le type même du Galiléen.

— J'ai toujours dit que, pour moi, tu étais un petit juif qui a foutu la merde ! Quel slogan est plus révolutionnaire que « Aimez-vous les uns les autres » ?

— Le problème est que les Évangiles ont été écrits entre soixante et cent ans après ma mort… Beaucoup de choses ont été déformées ou inventées…

— Ce dont on est sûr, ce sont les trois ans de prédication en Galilée ! De 30 à 33. Les guérisons, les exorcismes, les miracles. Un amour sans bornes pour les pauvres, les malades, les pécheurs… Et, en retour, la haine des puissants.

Sampler : *Rebel Rebel* / David Bowie.

Baffie :

— Tu peux nous faire un miracle, là, pour qu'on soit bien sûrs que c'est toi ?

Rires dans le public.

Jésus passe sa main droite au-dessus du front de sainte Rita, assise à ses côtés : l'incurable plaie disparaît instantanément ! La sainte est en extase…

Baffie :

— Triomphe romain !

Salut du public, debout.

Sampler : *Ben Hur* / Générique.

— Laurent ! Jésus… Les Romains… Vas-y mollo !

— Les Romains m'ont arrêté, condamné, crucifié…

— On connaît l'histoire ! Mais pourquoi n'as-tu pas été laissé là, sur le Golgotha, avant d'être mangé par les chiens errants, comme les autres crucifiés ?

— Ma mère et Marie-Madeleine ont obtenu que je sois enseveli dans un tombeau.

— Tu es mort le vendredi après-midi et, le dimanche matin, quand elles sont arrivées, la pierre était roulée et le tombeau était vide ! Croire, c'est croire à ça finalement, ta Résurrection…

— Je suis le fils de Dieu, envoyé aux hommes pour les sauver !

Baffie :

— Tu y crois, toi, Thierry ?

— Moi, tu sais, j'ai été élevé chez les salésiens à Saint-Michel, à Annecy… On ne pouvait pas ne pas y croire… Ensuite, j'ai fait tout ce que j'ai pu pour ne plus y croire… Mais à 26 ans, quand j'ai décroché de l'héroïne, c'est à Dieu que je me suis raccroché ! Avec la foi du charbonnier. Mets-toi à genoux, prie et tu croiras. Aujourd'hui, je crois que l'âme n'est pas une sécrétion de l'esprit, mais une parcelle de Dieu en nous. Je crois, comme Teilhard de Chardin, que Dieu est le moteur de l'hominisation, que l'Homme, c'est le singe plus Dieu.

— Tu connais Jérusalem ?

— Avec Audrey, lorsque nous sommes arrivés au jardin de Gethsémani, nous sommes entrés dans la chapelle érigée là, nous avons posé nos fronts sur la pierre où tu t'es reposé avant d'être arrêté, dénoncé par le baiser de Judas. Là, une onde électrique venue d'en haut a traversé nos crânes avant de s'écraser sur le rocher ! Nous avons ressenti ça tous les deux en même temps ! Peut-être une manifestation du syndrome de Jérusalem dont parle Stendhal ? Dieu seul le sait.

Baffie :

— T'as toujours été le seul animateur de télé à afficher son catholicisme, toi !

— Ça m'a coûté *Libé*, *Le Monde*, *Télérama* ! Créatif, provocateur, moderne, mais catho ! La mouche dans le lait ! Je me souviens que dans « Ardimat », l'émission où j'aurais dû revolvériser un gentil petit caniche tout blanc, Zap, si l'audience baissait trop, le professeur Rollin, qui était mon conseiller, me suppliait de faire un geste pour me rendre sympathique et, là, je faisais un chèque à ma paroisse, Saint-Philippe-du-Roule, ce qui désolait François. « Vous auriez dû écrire "Collège Maurice-Thorez à Bobigny"... Décidément, Thierry, vous n'y arriverez jamais ! Vous ne comprenez rien ! »

— Être catholique, mon fils, ce n'est pas seulement l'afficher dans les médias et m'appeler au secours quand ça va pas !

— Quand je faisais « Le Terrien du samedi 20 heures », avec les accidentés de la vie qui venaient témoigner, j'ai découvert ce qu'était la compassion. Je les aimais. Je terminais en larmes. J'ai entrevu l'amour de son prochain. Quel qu'il soit. Et ça m'a fait du bien. Contrairement à beaucoup d'autres, la télé ne m'a pas isolé des gens, elle m'en a rapproché. Elle m'a réconcilié avec le monde.

— Continue sur le chemin de l'espérance !

— J'imagine que tu vois toujours Marie-Madeleine, ta disciple préférée ? Elle était la plus dévouée de toutes les femmes qui t'ont servi…

— Ah ! Tu es incorrigible, Thierry ! C'était une courtisane très belle et très riche, toujours parée, toujours fardée qui menait une vie de luxure, mais elle souffrait d'hystérie, d'hallucinations, de névroses…

— Tu as chassé les démons qui la possédaient !

— Je l'ai exorcisée sept fois.

— D'où son immense dévotion pour toi après sa guérison. Elle t'appelait *Rabbouni*, le diminutif de « Rabbin »… Vous étiez ensemble ?

— Je ne suis pas un fantôme, mais un corps matériel !

Catherine, dans l'oreillette :

— Thierry, ça suffit là, avec Jésus ! On va se faire allumer pour propagande catholique !

Jésus et sainte Rita se nimbent d'une lumière céleste et disparaissent miraculeusement.

Sampler : *The Light That Has Lighted The World* / George Harrison.

Baffie :

— Catholique et monarchiste en plus ! Et tu bosses dans les médias ! T'aimes les emmerdes…

— On peut être catholique sans être intégriste, on peut être monarchiste sans être maurrassien. Moi, je suis royaliste tendance pétards. Les monarchistes anglais, espagnols, suédois, danois, norvégiens, belges ou luxembourgeois ne sont pas d'extrême droite. Et leurs pays ne sont pas moins démocratiques que la France ! Au contraire.

— C'est quand même un parti d'extrême droite !

— Ça, c'est Maurras ! L'Action française. La monarchie, ce n'est pas un parti, c'est un système de gouvernement. Il y a un arbitre au-dessus des partis. C'est comme au foot, on ne choisit pas comme arbitre le capitaine de l'une des deux équipes. On ne peut pas être joueur et arbitre. Le roi règne, le Premier ministre, issu du parti qui a gagné les élections législatives, gouverne.

— Ça te lâche pas !

— Ça me semble évident.

— Mais qui ?

— Quand de Gaulle a envisagé une restauration monarchique, son choix s'est porté sur l'aîné des Orléans, le comte de Paris. Il disait : « Si la France doit mourir, c'est la république qui l'achèvera. D'ailleurs, ce n'est pas le régime qui convient au pays. Si la France doit vivre, la monarchie aura son rôle à jouer, en l'adaptant. »

— Jamais entendu parler… Pourquoi ça n'a pas marché ?

— Ils se sont vus. Le comte de Paris a été, pendant un temps, une sorte de conseiller spécial du Général et son fils, Henri, a fait un stage au secrétariat général de l'Élysée. Mais le comte de Paris a sans doute déçu Charles de Gaulle. D'autant plus que, pendant que le Général était à Londres, le comte de Paris était à Vichy où il essayait de convaincre Pétain de lui laisser sa place. « Que n'étiez-vous pas à Bir Hakeim ! » a fini par lui balancer de Gaulle. Ensuite, quand on lui parlait du comte de Paris, il répondait : « Pourquoi pas la reine des gitans ? » Et il a créé une république monarchique !

— Ou une monarchie républicaine !... Et Louis XX ?

Previously.

En 1883, à la mort du comte de Chambord dont l'épouse était stérile, les Bourbons de France se retrouvèrent sans héritier direct. Le droit d'aînesse passa alors aux Bourbons d'Espagne. Et pas aux Orléans, contrairement à ce qu'ils racontent. Il suffit de regarder un arbre généalogique pour comprendre que les Orléans, descendants du frère de Louis XIII, arrivent très loin dans l'ordre de succession derrière la famille des Bourbons d'Espagne, issue du petit-fils de Louis XIV, devenu roi d'Espagne en 1700, sous le nom de Philippe V.

Quand Franco décida de restaurer la monarchie, il choisit de mettre sur le trône l'héritier de la branche cadette des Bourbons d'Espagne, Juan Carlos, qu'il avait formé pour ça, et pas celui de la branche aînée, Alphonse, qui avait pourtant épousé sa petite-fille, Carmen.

J'ai bien connu Alphonse, duc d'Anjou. Celui qui pouvait prétendre aux royaumes d'Espagne et de France me recevait dans une chambre exiguë et défraîchie d'un trois-étoiles près du Louvre, le Normandie. Nous passions des heures à parler des rois en exil et de la monarchie perdue. Lors de notre première rencontre, un samedi après-midi à la Maison de la Chimie, je l'avais tout de suite repéré parmi la foule des convives grâce à sa haute stature et son nez bourbonnien.

Baffie :

— Comme Jeanne d'Arc reconnaissant Charles VII !

En 1989, alors qu'en tant que dirigeant de la Fédération internationale de ski, Alphonse teste une piste de ski alpin à Beaver Creek dans le Colorado, il heurte à pleine vitesse le câble de la banderole d'arrivée, descendue à ce moment-là, qui le guillotine.

L'aîné des Bourbons guillotiné deux cents ans après la Révolution !

Le fils aîné d'Alphonse et Carmen, François, ayant été tué dans un accident de voiture cinq ans plus tôt, Louis devient prétendant au trône sous le nom de Louis XX. Le roi est mort, vive le roi !

Baffie :

— Alors, Alphonse, mort accidentelle ou assassinat politique ?

— Pourquoi avoir laissé le blessé agoniser quarante minutes dans la neige ? Pourquoi l'ambulance a-t-elle mis une heure pour atteindre l'hôpital situé à seize kilomètres ? Pourquoi Daniel Conway, le technicien chargé de vérifier la piste, a-t-il disparu aussitôt après le drame ? Pour le shérif de Beaver Creek, la mort d'Alphonse n'est pas un accident. Et il n'est pas le seul.

— Louis XX, roi de France, alors ?

— Son père, Alphonse, était le descendant direct de Louis XIV, mais sa mère, Carmen, est la petite-fille de Franco... Ça va pas être facile !

— Le problème, c'est qu'est-ce qui nous garantit que le fils du roi sera un bon roi ?

— L'hérédité peut-elle donner pire que François Hollande ?

Sampler : *It's Good To Be The King* / Mel Brooks.

23

Non, pas des Panzani !

Catherine, dans l'oreillette :

— Ils vont nous couper l'antenne ! Accélère ! Au fait, le curé que tu as demandé est arrivé.

— Et maintenant, j'accueille Don Patillo !

Précédé de deux enfants de chœur, Don Patillo descend cérémonieusement l'escalier en tenant bien haut son Saint-Sacrement. C'est très sulpicien ! Odeur de myrrhe et d'encens. On se croirait dans « Un enterrement à Ornans » ! Don Patillo s'assied. Les enfants de chœur restent debout, de chaque côté du tabouret, agitant leurs encensoirs.

Don Patillo, avec son accent Fernandel :

— Mon fils, je vais t'oindre des huiles sacrées et te donner l'extrême-onction, mais avant, tu dois te confesser, sans rien cacher à Notre-Seigneur Jésus-Christ ! Tu es prêt ?

— Oui, mon père.

Le public n'en peut plus. Il ne reste pas grand monde sur les gradins. Si c'est pareil devant le poste, c'est le drame.

— S'il vous plaît, ne partez pas ! Je vous en supplie… Restez encore un peu ! On paiera des taxis à ceux qui n'ont plus de métro… Catherine, prenez des gens de l'équipe pour boucher les trous.

— Tu le sais, mon fils, Panzani est un annonceur régulier de l'émission. Avant ta confession, j'aimerais que nous rendions hommage à cette belle marque. Je sais que tu as commencé dans la publicité. Tu connais les paroles. Le public aussi.

Il regarde vers les cintres.

— Ce ne sont que quelques pâtes, Seigneur !

Tout le monde chante :

— Des pâtes, des pâtes, oui, mais des Panzani !

— Non, pas des Panzani ! Barrez-vous, Patillo ! Cassez-vous immédiatement ! Vous et vos deux gosses ! Je veux plus vous voir ! Les pâtes, j'en ai soupé… Dehors !

— Mais, mon fils…

— Je ne demande pas des funérailles nationales, mais finir dans un spot Panzani, non ! Je ne mérite pas ça ! Je me confesserai tout seul ! Comme ça, je suis sûr d'avoir l'absolution… Dégagez ! Et vite !

Le trio s'en va en psalmodiant des insultes.

Sampler : *rafales de mitrailleuse.*

Catherine, dans l'oreillette :

— Je sais pas ce qui se passe ! On est envahi ! Ils ont vu Don Patillo dans l'émission, ils sont tous en régie !

Non, pas des Panzani !

Toutes les mascottes des marques ! Le Géant Vert, le cow-boy Marlboro, les Kodakettes, Monsieur Propre, Mamie Nova...

— L'Oncle Ben's ?

— Non, le tirailleur sénégalais Banania et lui ont été supprimés.

— Andros, le berger des fruits ?

— Oui, il est là ! La mère Denis aussi ! Il y a même Monsieur Plus ! Tu les veux en plateau ? Ils menacent de faire une grève de la faim si la profession ne les fait pas tourner ! On sait plus quoi faire... Le cow-boy Marlboro a sorti son flingue ! Il a menacé le gars de la sécurité !

— En fait, ça va pas top, là...

Sampler : *Cold Song* / Klaus Nomi.

24

Le collier en pâtes peintes

Des cris d'enfants qui arrivent par le côté du studio. Ce sont les miens. Ils sont encore très jeunes. Manon doit avoir 12 ans, Ninon 10 et Gaston 5. Ils ne s'assoient pas, ils restent plantés devant moi.

Manon :

— Dadichon, on voulait te faire un cadeau !

Elle s'approche pour me donner un collier en pâtes peint de toutes les couleurs.

— Ah, c'est super, merci !

Ninon :

— Et on a aussi un truc à te dire, Dad !

Gaston :

— On l'a écrit ensemble !

Les trois, à l'unisson :

— Papa, on voulait te dire que tu répètes souvent que tu ne t'es pas assez occupé de nous à cause de la télé. Ça a l'air de te faire de la peine. Ne t'inquiète pas, on comprend. Et puis, tu nous as acheté un haras en Normandie, tu es venu nous voir tous les week-ends, et tu nous as emmenés en vacances au Brésil, aux Seychelles et à Zanzibar. Ne regrette rien, c'était ta vie, on t'aime. Pars en paix.

Gaston :

— « Pars en paix », ça, c'est maman qui l'a trouvé !

Ninon :

— Ça va, Gasty, t'es pas obligé de tout raconter !

Manon :

— Gégé la Balance !

— Merci d'être venus me dire tout ça. Ça me touche beaucoup. J'ai juste voulu vous offrir l'enfance que je n'avais pas eue.

J'éclate en sanglots.

Les trois à l'unisson :

— Pleure pas, papa…

Baffie :

— Il y avait un cœur sous le costume noir !

— Embrassez Béatrice !

Les enfants s'estompent peu à peu et disparaissent.

Sampler : *Voilà, c'est fini* / Jean-Louis Aubert.

— On casse !

Une demi-douzaine de machinos envahissent le plateau. Ils commencent à démonter le décor. L'ingénieur du son veut m'enlever les micros.

Catherine, dans l'oreillette :

— Minuit ! On arrête.

L'Homme en Noir

— Attendez, on avait dit minuit dix, j'ai une dernière invitée ! Je vous en prie ! Le public, s'il vous plaît, restez encore un peu…

25

La mort du Paon

— Et maintenant, j'accueille la Mort !

Lumière. Musique. Applos. Un squelette vêtu d'une grande cape noire à capuche descend l'escalier, une faux à la main. Le public est subjugué. La Faucheuse avance vers moi, prête à séparer mon âme de mon corps…

L'Homme en Noir tué par la Mort.

Pas de pétard après l'émission, ce soir.

Je n'interviewerai jamais John Lennon.

Le Paon ne fera plus la roue.

Méline m'apporte un dernier mug de champagne. Je le refuse. Je veux une flûte en cristal. C'est pas tous les jours qu'on meurt.

Un corbeau vole dans les cintres du studio.

Sampler : *gamelan balinais.*

Serge, dans les ordres :

— Au nom de toute l'équipe, Thierry, je voudrais te dire…

— Garde ça pour le cimetière !

Je suis bon pour l'éternité dans le caveau de famille à Beaulieu-sur-Mer ! La perle de la Riviera ! Fini les déménagements. Mon arrière-grand-père était chef de gare là-bas. La sépulture domine la baie de Saint-Jean-Cap-Ferrat, la revanche sur tous ces appartements de mon enfance qui donnaient sur d'autres appartements.

J'ai juste la force d'envoyer « *Movin'On Up* » de M People. Comme tous les samedis. Le plateau se transforme en dancefloor. On reconnaît Lady Di, Johnny, Louboutin, Milla Jovovich, Brad Pitt, Vahina Giocante, Gainsbourg, Gainsbarre et Angot ! Les paparazzi shootent au moteur.

Catherine, dans l'oreillette :

— Minuit dix. T'es dans les temps ! Bravo !

Je me retrouve dans le même état que le jour où, à la Pitié Salpêtrière, le toubib, chargé de brûler un carcinome du foie, avait dépassé la dose de kétamine pour calmer une douleur insupportable. Je suis en apesanteur dans un nuage de lumière blanche. Je suis terrifié. Bad trip. Sanglé sur un lit, je bats des jambes et des bras, comme si j'étais dans une piscine sans savoir nager. Je perds le contrôle. Je hurle. Mais aucun son ne sort de ma bouche.

Voix d'Audrey :

— Ça va, mon amour ?

— Tu es là ? On peut vraiment se parler ?

— Pour toujours, mon amour…

Remerciements à Anne Méaux, Jean-Luc Barré, Fabrice d'Almeida, Philippe Kieffer.

Table

Achevé d'imprimer en juillet 2025
par la Société SEVEN - 91942 COURTABŒUF

Dépôt légal : juin 2025
P32117/04

Imprimé en France